HET ULTIEME STUDENTEN KOOKBOEK

VAN PASTA TOT PANNENKOEK

TIFFANY GOODALL

fotografie Claire Peters

INMERC

INHOUD

KEUKENUITRUSTING

Er zijn allerlei gadgets en gekke apparaten die de basistaken in de keuken makkelijker moeten maken. Zelf ben ik geen fan van pipetjes en andere bizarre hulpmiddelen. Investeer gewoon in een paar goede basisspullen.

Aardappelstamper Geweldig voor het maken van aardappelpuree, maar ook om er groenten als pompoen en wortel mee te pureren.

Blikopener Onmisbaar in de keuken: voor blikken bonen, tonijn, kokosmelk en gepelde tomaten.

Dunschiller Essentieel voor zowel aardappels als groenten.

Garde Ook al kun je eieren prima loskloppen met een vork, een omelet wordt veel luchtiger als je een garde gebruikt. Je hebt een garde natuurlijk ook nodig als je slagroom of eiwitten wilt kloppen.

Groot mes Mijn grote mes is het nuttigste keukengereedschap dat ik heb. Ik gebruik het om kruiden en knoflook te hakken, vlees en allerlei andere dingen te snijden.

Houten lepel/spatel Deze gebruik je vooral veel bij het bakken. Omdat ze de smaken van eten gemakkelijk in zich opnemen, zijn ze wat minder geschikt voor hartig eten. Maar ze maken geen krassen op de bodem van een pan.

Koekenpan Een goede koekenpan met antiaanbaklaag is ideaal om van alles in te bakken, van worstjes tot champignons. Het is een essentieel hulpstuk en de moeite van een investering waard. Je kunt een versie met dunnere wanden aanschaffen voor het bakken van pannenkoeken en omeletten.

Maatbeker Een grote maatbeker is supergoedkoop en onmisbaar. Hij is niet alleen handig voor het afmeten van vloeistoffen, zoals water en bouillon, maar kan ook gebruikt worden als extra mengkom.

Mengkom Koop bij voorkeur een kom van pyrexglas, want deze is hittebestendig. Dan kun je hem niet alleen gebruiken om er beslag in te mengen, pesto en gehaktmengsels in te maken en om slagroom te kloppen, maar ook om er chocolade in te smelten.

Pannen Een kleine steelpan is ideaal voor het koken van groente, eieren en aardappels. Een grotere steelpan is handig voor soep en in een hapjespan kun je een stoofschotel voor meerdere personen maken. Ik heb een enorme pan voor een groepsbolognese.

Rasp Voor het raspen van kaas, maar ook van knoflook en gember.

Schilmesje Zo'n mesje maakt het schillen en snijden van fruit en kleine groenten erg gemakkelijk. Erg fijn als je een fruitsalade wilt maken.

Snijplank Ik werk het liefst met van die dikke houten snijplanken. Sommige zijn behoorlijk duur, maar als je goed zoekt, vind je ze voor een redelijke prijs. Plastic snijplanken zijn echter ook prima.

Spatel Een plastic spatel is handig voor het leegschrapen van een mengkom. Hij is ook ideaal voor het voorzichtig omscheppen (spatelen) van een mengsel, zoals bij chocolademousse. Een metalen versie is handig als je gebakken etenswaren uit de pan moet tillen of moet omdraaien, zoals een gebakken ei of vlees.

Staafmixer Ik gebruik een staafmixer voor alles, van soepen tot smoothies en cocktails. Voor geen enkel recept in dit boek heb je een keukenmachine of foodprocessor nodig.

Vergiet Handig voor het afgieten van pasta, rijst, aardappels en groenten. De lijst is eindeloos. Het maakt niet uit of hij van plastic of metaal is.

Wok Ik raad je aan om naar een Chinese winkel te gaan om een goedkope, goede wok te kopen. Hij is ideaal voor een lekkere roerbakschotel of een curry. Als je geen wok hebt, kun je ook een diepe koekenpan gebruiken.

Zeef Ik heb het een tijd zonder zeef geprobeerd omdat je de meeste meelsoorten niet echt hoeft te zeven, maar ik merkte dat ik hem voor van alles en nog wat nodig had. Het is dus een handig ding om te hebben.

steelpan
maatbeker en
koekenpan
zeef en
mengkom
vergiet en
wok
staafmixer
snijplank
keuken-
gereedschap

JE VOORRAADKAST

Zolang je nog thuis woont, ga je er gewoon van uit dat de keukenkastjes vol staan met spullen. Als je dan in de keuken van je studentenhuis komt, zal één ding je meteen opvallen: de leegte van de voorraadkast. Die lege planken en overvloed aan ruimte zijn vreselijk. Vul ze met de volgende basisingrediënten, die je lang kunt bewaren en die je goed van pas zullen komen.

Basmatirijst Smaakt heerlijk bij een curry of een lekkere nasi met allerlei ingrediënten uit de koelkast.

Bloem Ideaal om mee te bakken en om sauzen en jus dikker mee te maken.

Gemberwortel (verse) Dit geeft een Thaise/Aziatische smaak en geur aan gerechten. Het smaakt heerlijk in Lotties kip-kokoscurry (blz. 120) of Noedels met rundvlees (blz. 69). Het is niet heel goedkoop, maar met een flink stuk kun je lang doen.

Gepelde tomaten (blik) Een absolute noodzaak in elke studentenkeuken, omdat ze gebruikt worden voor bolognesesaus, soepen en stoofschotels.

Kippen- en groentebouillonblokjes Die moet je echt hebben. Ze worden gebruikt in jus, soep, risotto en nog veel meer. Kippenbouillon is het handigst, maar rundvleesbouillon smaakt goed in stoofschotels.

Knoflook Je kunt knoflook 2-3 weken bewaren. Het is voor van alles te gebruiken, van pastasauzen tot gebraden kip. Geperste knoflook is sterk en een beetje ervan geeft al heel veel smaak. Je kunt echter ook hele tenen in een kipschotel of bij gebakken aardappels doen voor een subtielere smaak.

Kokosmelk Ideaal om op voorraad te hebben, zodat je snel een Thaise curry kunt maken of kokossoep met kip of garnalen.

(Kristal)suiker Wordt veel gebruikt bij het maken van gebak en desserts.

Mosterd Smaakt heerlijk in dressings en aardappelpuree, maar ook bij worstjes, hamburgers enz.

Noedels Zelf heb ik graag eiermie en rijstvermicelli in huis, omdat ze perfect bij roerbakschotels passen.

JE HEBT NODIG

- Basmatirijst
- Bloem
- Gember
- Gepelde tomaten
- Kippen- en groentebouillonblokjes
- Knoflook
- Kokosmelk
- Kristalsuiker
- Mosterd
- Noedels
- Olijfolie
- Pasta
- Pizzabodems
- Uien
- Wittewijnazijn
- Zonnebloemolie

Olijfolie Geweldig voor een lekkere dressing of pesto; het meest gebruikte ingrediënt uit mijn keukenkast.

Pasta Een favoriet onder studenten, omdat het zo lekker en snel klaar is.

Pizzabodems Zelfgemaakte pizza's zijn het allerlekkerst en een feest om samen met je vrienden te maken.

Uien Moet je hebben. Koop zowel rode als gewone; je kunt ze ongeveer 2-3 weken op een droge plaats bewaren.

Wittewijnazijn Cruciaal bij het maken van dressings.

Zonnebloemolie Uitstekend om in te bakken.

HYGIËNE

Koken moet leuk zijn, zeg ik altijd, maar je wilt jezelf of je vrienden natuurlijk niet vergiftigen. Daarom enkele belangrijke regels.

1 Zorg ervoor dat je altijd schone handen hebt als je kookt en was ze nadat je rauwe vis en vlees, vooral kip, hebt aangeraakt.

2 Als je met rauwe kip bezig bent, moet je alles wat ermee in aanraking komt naderhand heel goed afwassen. Rauwe kip bevat erg schadelijke bacteriën.

3 Controleer of de kip gaar is: let op dat er geen rood of roze vocht meer uit loopt als je erin prikt. Het vocht moet helemaal helder zijn. Houd je aan de aangegeven bereidingstijd.

4 Als je een kipgerecht opwarmt, zorg dan dat het gloeiend heet is voor je het serveert.

5 Warm garnalengerechten niet voor een tweede keer op, maar gooi kliekjes direct weg.

6 Dek eten dat je in de koelkast bewaart goed af met plastic- of aluminiumfolie.

7 Rijst mag niet worden opgewarmd: eet dus alles op wat je hebt klaargemaakt.

8 Zet een heet gerecht niet in de koelkast of vriezer, omdat de temperatuur in de koelkast dan omhoog zal gaan. Laat het gerecht eerst afkoelen en zet het er dan pas in.

9 Zorg dat bevroren etenswaren helemaal ontdooid zijn voor je ze weer opwarmt.

1

ONTBIJT MET TIFFANY

We weten allemaal dat het ontbijt de belangrijkste maaltijd van de dag is – een feit waarvan ik de waarheid vooral tijdens mijn studie leerde kennen. Als ik de dag begin met een vers, gezond ontbijt, zoals een vruchtensmoothie of een fruitsalade, heb ik meestal ook de rest van de dag zin in gezond eten. Er zijn echter dagen dat ik per se met een vette hap moet beginnen. Dat geldt bijvoorbeeld voor de zaterdagochtend, na een avond flink doorhalen; bovendien weet ik dat mijn huisgenoten allemaal genieten van de geur van versgebakken spek. Het is verbazingwekkend hoeveel mensen zin krijgen om te eten als ze die geur ruiken. Ik ben een enorme fan van een goed gebakken ei en ze werken fantastisch tegen een kater...

ONTBIJTSMOOTHIE

VOOR 1 PERSOON

Smoothies zijn ideaal als ontbijt. Voeg er zacht fruit naar keuze aan toe; denk aan bessen en bananen, maar ook aan rozijnen en gedroogd fruit. Samen met yoghurt of melk kun je de lekkerste combi's maken.

JE HEBT NODIG:

- 1 banaan, in plakjes
- 2 el bosbessen
- 1 el frambozen of aardbeien
- 2 el havervlokken of muesli
- 600 ml melk

1 Doe alle ingrediënten in een hoge kom en pureer ze met een staafmixer.

2 Ga door tot al het fruit fijn is en goed gemengd met de melk: dit duurt een minuutje.

3 Schenk in een glas en geniet.

Restjes: drink alles in één keer op; je heerlijke roze smoothie verandert al snel in een bruinachtig prutje.

ENERGIE-SMOOTHIE

VOOR 1 PERSOON

Deze smoothie zit vol energie, omdat bananen een bron van proteïne zijn. Drink dit als ontbijt en je hebt energie voor tien.

JE HEBT NODIG:

- 1 banaan
- 400 ml melk
- 3 el gewone yoghurt, hoewel vruchtenyoghurt ook lekker is

1 Doe alle ingrediënten in een hoge kom en pureer ze met een staafmixer.

2 Meng tot de bananen glad zijn en door de melk en yoghurt zijn opgenomen.

3 Schenk in een glas en drink op.

Restjes: je kunt dit drankje niet bewaren, omdat de banaan door contact met zuurstof snel bruin wordt.

ABRIKOZEN-SMOOTHIE VOOR 1 PERSOON

Gedroogd fruit is een ideaal ingrediënt voor je voorraadkast: je kunt het langer bewaren en het is iets goedkoper dan vers fruit. Ik vind abrikozen het lekkerst, vooral op deze manier.

JE HEBT NODIG:

- 100 g gedroogde abrikozen
- 1 el rozijnen
- 1 banaan
- 600 ml melk

1 Doe alle ingrediënten in een hoge kom en pureer ze met een staafmixer.

2 Schenk de smoothie in een glas.

Extra's: een theelepel honing smaakt hier heerlijk in, evenals verse munt. Het wordt dan een echt zomerdrankje.
Serveertip: doe wat ijsblokjes in het glas en drink de smoothie lekker koud.

BOSBESSEN-YOGHURT-SMOOTHIE VOOR 1 PERSOON

De kleur is adembenemend – en zo smaakt het ook.

JE HEBT NODIG:

- 3 el bosbessen
- 3 el gewone of vruchtenyoghurt: mijn favoriet is perzik
- 400 ml melk

1 Pureer alle ingrediënten met een staafmixer.

2 Schenk de smoothie in een glas.

Extra's: pureer eens een handvol gemengde, ongezouten noten mee.

PERFECT GEPOCHEERD EI VOOR 1 PERSOON

JE HEBT NODIG:
- 2 eieren
- 1 snee brood
- 1 tl boter

Een gepocheerd ei is perfect als het gaar is, maar nog zacht vanbinnen. Lekker bij het ontbijt, maar ook op wat sla als heerlijk, gezond lunchgerecht. Iedereen heeft zijn eigen trucje om gepocheerde eieren te maken. Volgens mij is het vooral belangrijk dat je verse eieren gebruikt.

1 Breek de eieren een voor een boven de pan en zet het vuur dan lager. Laat het 4 minuten zacht borrelen.

2 Rooster intussen een snee brood en besmeer hem met boter.

3 Haal de eieren een voor een uit de pan met een schuimspaan.

4 Leg de eieren voorzichtig op de toast. Bestrooi met peper en zout en eet direct op.

Extra's: bij een speciale gelegenheid kun je een lepel hollandaisesaus op het ei scheppen en er spek bij serveren. Het gerecht heet dan 'eggs Benedict'. Gehakt bieslook erover en het ziet er prachtig uit!

GEKOOKT EI EN BROODSOLDAATJES

VOOR 1 PERSOON

JE HEBT NODIG:

1 ei

1 snee brood

1 tl boter

Ik herinner me mijn eerste kater na een lange avond bij een vriendin. Mijn moeder wist precies wat ik nodig had (zoals dat gaat met moeders) en bracht me twee gekookte eieren met broodsoldaatjes. Het was de beste maaltijd die ik ooit had gehad – en precies op het goede moment.

1 Laat het ei op een lepel in het water zakken. Kook het 4-5 minuten voor een zachte dooier en 5-6 minuten voor een wat hardere dooier.

2 Rooster intussen het brood, besmeer het met boter en snijd er repen of 'soldaatjes' van.

3 Giet het ei af en leg het op een werkvlak. Houd het vast met een theedoek en snijd er met een gekarteld mes voorzichtig een kapje af. Zet het ei in een eierdopje.

4 Doop de toast in de dooier en genieten maar.

Serveertip: je kunt ook de hele inhoud van het gekookte ei in een kom scheppen. Meng het met 1 theelepel boter en wat peper en zout en doop de soldaatjes daarin. Heerlijk!

Restjes: een gekookt ei blijft niet heel lang zacht, maar als je ze hard kookt, kun je ze zo'n 2 dagen bewaren in een schaal water in de koelkast. Je kookt een ei hard in 8 minuten. Gebruik ze voor de Sandwich met eiersalade (zie blz. 49). Heerlijk als meeneemlunch. Pel het ei, rasp het boven een kom, voeg wat mayonaise, peper en zout toe en schep de salade samen met wat tuinkers of sla op een boterham.

ROEREI OP TOAST

VOOR 1 PERSOON

Roereieren vormen een goedkope, eenvoudige maaltijd. Ik maak ze vaak met wat gesneden ham erdoor als avondeten. Als ik wat chiquer wil eten, doe ik er gerookte zalm door – maar dat gebeurt zelden.

JE HEBT NODIG:

- 2 eieren
- 2 el melk
- 1 el boter
- of 1 tl plantaardige olie
- snee brood

1 Klop de eieren los, voeg de melk toe en klop alles goed door elkaar. Voeg peper en zout toe.

2 Smelt de boter in de pan. Schenk het eimengsel erin en zet het vuur laag.

3 Roer de eieren voortdurend. Als het mengsel warm wordt, gaat het ei stollen. Roer goed, zodat de stukken ei niet te groot worden.

4 Rooster het brood en schep het roerei erop. Bestrooi het met peper.

Extra's: een echte verwennerij is gerookte zalmsnippers door je roerei.
Serveertip: ik vind roerei heerlijk op toast met een scheut ketchup.
Restjes: het wordt bepaald niet lekkerder als je het bewaart – direct opeten dus.

WENTELTEEFJES MET STROOP VOOR 1 PERSOON

JE HEBT NODIG:

- 300 ml melk
- 2 eieren, losgeklopt
- 2 sneetjes brood
- 1 el boter
- 1 el schenkstroop of vloeibare honing

Als kind smulde ik altijd van wentelteefjes. Nu eet ik ze het liefst op zondagochtend. Ze zijn supergemakkelijk te maken: het brood wordt in melk met ei gedompeld, gebakken en dan geserveerd met stroop of honing. Het gaat nog beter met oud brood – ideaal voor een studentenkeuken dus. De Fransen noemen dit gerecht heel toepasselijk *pain perdu*.

1 Meng de melk en geklopte eieren in een diep bord.

2 Doop de sneetjes brood een voor een in het ei-melkmengsel en laat ze elk 1 minuut weken. De sneetjes brood zullen het grootste deel van het mengsel absorberen.

3 Smelt de boter in een koekenpan op hoog vuur. Zodra de boter gesmolten is, zet je het vuur wat lager.

4 Leg het brood in de pan en bak het 3-4 minuten aan beide zijden, tot het goudbruin is.

5 Serveer de wentelteefjes heet, met de stroop of honing.

Extra's: ik doe vaak een druppel vanille-essence in het ei-melkmengsel; echte essence is vrij duur, maar wel handig om in je voorraadkast te hebben.
Serveertip: deze wentelteefjes smaken heerlijk met stroop, honing of – nog lekkerder – ahornsiroop, maar dat is prijzig. Ook verrukkelijk met wat spek, dat je uitbakt in dezelfde pan waarin je het brood bakt.
Restjes: wentelteefjes kun je beter niet bewaren. Direct opeten dus.

JIMS ENGELSE ONTBIJT

VOOR 1 PERSOON

Ik leerde Jim kennen toen we allebei 17 waren. Hij smeekte me altijd om een Engels ontbijt na een avondje stappen; ik merkte al snel dat alle jongens daar zin in hadden na het uitgaan. Een goed Engels ontbijt is een van de moeilijkste gerechten om perfect klaar te maken, maar het geheim zit 'm in een warme oven. Vooral de timing is lastig, maar als iets eerder klaar is dan de rest, zet je het gewoon in de oven terwijl je de rest klaarmaakt.

JE HEBT NODIG:

- 1 el plantaardige olie
- 2 worstjes
- 2 dikke plakken bacon of spek
- 75 g champignons, in plakjes
- 1 tomaat, gehalveerd
- snufje suiker
- 1 tl boter
- 1 ei
- snee brood

Verwarm de oven voor op 140 °C.

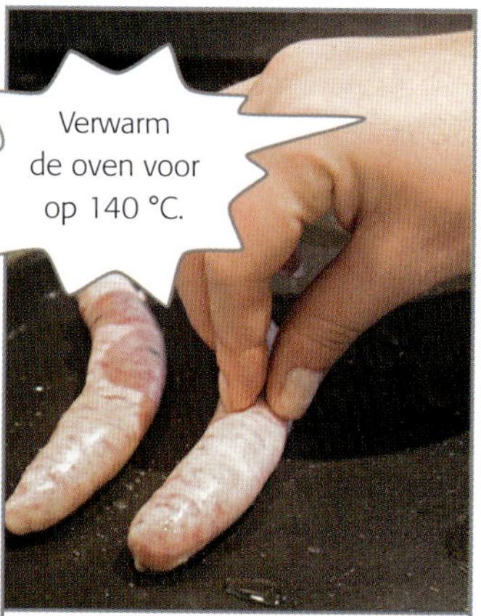

1 Verhit in een koekenpan de olie tot hij rookt en doe de worstjes erin. Bak ze 7-8 minuten en keer ze af en toe.

2 Doe de bacon erbij en bak de plakken 2 minuten.

3 Voeg de champignons en tomaat (snijvlak naar onder) toe.

4 Keer de worstjes, bacon en champignons regelmatig.

5 Draai de tomaten om en bestrooi ze met wat suiker en peper en zout.

6 Na 5-6 minuten zijn de champignons mooi goudbruin en is het vlees klaar. De tomaten zijn zacht en heet.

7 Leg alles op een bord en zet dit in de oven terwijl je het ei bakt.

8 Smelt de boter in de koekenpan en breek het ei voorzichtig zodat de dooier heel blijft.

9 Bestrooi met peper en zout en schep het ei na nog 1 minuut uit de pan.

Extra's: een plak bloedworst – bak deze 2-3 minuten in dezelfde koekenpan als de worstjes; en een gepocheerd ei (zie blz. 12), een roerei (zie blz. 14) of gewoon een gekookt ei (zie blz. 13). Het brood kun je ook even bakken in wat olie in een koekenpan. Als je nog een restje aardappelpuree hebt, kun je dat opbakken en serveren als onderdeel van een uitgebreide brunch.
Serveertip: serveer er een lekkere kop thee bij.
Restjes: als je worstjes overhebt, kun je ze 10 minuten opwarmen in een koekenpan of warme oven. Eet ze met aardappelpuree, op een broodje of gewoon koud als snack of lunch. Restjes worst en bacon kun je 3 dagen bewaren in de koelkast. Gebakken champignons kun je ook 2-3 dagen bewaren in de koelkast; warm ze 2-3 minuten op laag vuur op en serveer bij pasta of een kipgerecht.

FRUIT-SALADE VOOR 5 PERSONEN

Het compleet tegenovergestelde van een Engels ontbijt is deze voedzame en gemakkelijk te maken fruitsalade, waarvoor je al het fruit dat je in huis hebt kunt gebruiken. Als je aan het begin van de week een grote schaal maakt en hem afgedekt bewaart in de koelkast, kun je er lekker van eten bij het ontbijt of na het avondeten. Ook heerlijk als meeneemsnack. Jij bepaalt wat voor fruit erin gaat, als je maar zorgt dat het rijp is, want anders smaakt het niet zo lekker. Onthoud dat bananen snel papperig en bruin worden.

JE HEBT NODIG:

- 1 rijpe meloen, geschild, pitjes verwijderd, in stukken
- 1 ananas, geschild en in stukken, of uit blik
- 2 kiwi's, geschild en in stukken
- 2 appels, geschild klokhuis verwijderd, in stukken
- 2 peren, geschild, klokhuis verwijderd, in stukken
- 2 el bosbessen
- 2 el frambozen
- 200 ml sinaasappelsap

1 Meng de meloen, ananas, kiwi's, appels en peren in een grote kom.

2 Schep de bosbessen en frambozen er voorzichtig door.

3 Schenk het sap erbij.

4 Meng goed en bewaar de salade tot gebruik in de koelkast.

Extra's: als je ander fruit toe wilt voegen of fruit wilt weglaten, kan dat prima. Door het sinaasappelsap blijft het vers. Je kunt ook wat muntblaadjes en een beetje suiker toevoegen.
Serveertip: bij het ontbijt vind ik fruitsalade heerlijk met wat yoghurt of zelfs bij ontbijtgranen. De salade is ook verrukkelijk als licht nagerecht, eventueel met wat vanille-ijs of geklopte slagroom. Je kunt er ook wat fijngehakte munt door scheppen.
Restjes: als je de kom goed afdekt, kun je de salade 4-5 dagen bewaren, al hangt het wel af van het fruit dat je gebruikt. Bananen kun je bijvoorbeeld niet lang bewaren.

PAP VOOR 1 PERSOON

Ik ben echt gek op pap en het is oergezond. Pap eet ik het vaakst als ontbijt, omdat het zo gemakkelijk is en het me de hele dag op de been houdt. Veel van mijn studiegenoten eten ook pap als ontbijt – gewoon zo of met een lepel honing erdoor.

JE HEBT NODIG:

350 ml melk
60 g havermout
1 el honing

1 Schenk de melk in een pan en voeg de havermout toe.

2 Blijf goed roeren als de melk na een paar minuten begint te borrelen. De havermout gaat uitzetten en absorbeert de melk.

3 De pap is na 5-6 minuten klaar. Als hij te dik is, voeg je wat melk toe; is hij te dun, doe er dan wat havermout bij en kook de pap wat langer.

4 Serveer de pap warm in een kom en schenk er wat honing over.

Extra's: je kunt aan het begin een handjevol rozijnen of 1 eetlepel suiker toevoegen voor een zoetere smaak; de honing maakt de pap echter ook zoet. Stroop smaakt ook uitstekend.
Serveertip: pap is heerlijk met wat vers fruit en een beetje bruine suiker erop. Veel mensen vinden pap met een schepje aardbeienjam erdoor erg lekker.
Restjes: smaakt opgewarmd niet zo lekker – eet alles dus gewoon lekker op.

HOE MAAK JE PANNENKOEKEN?

VOOR 4 PERSONEN

Ik vind het geweldig om pannenkoeken te maken. Het wordt hoog tijd dat we het vaker gaan doen! Ze zijn ideaal als ontbijt: ze zijn gemakkelijk te maken en ze geven je veel energie voor de nieuwe dag. Maak een mooi beslag en laat dat even staan, gebruik een goede koekenpan met antiaanbaklaag, zet flink wat beleg/vullingen klaar en nodig je huisgenoten uit.

JE HEBT NODIG:

- 200 g bloem
- 2 grote eieren
- 600 ml melk
- 1/2 el suiker (voor zoete pannenkoeken)
- 1/2 tl zout (voor hartige pannenkoeken)
- 100 g boter (ca. 25 g per pannenkoek)

1 Zeef de bloem boven een grote mengkom en maak een kuiltje in het midden. Breek de eieren in het kuiltje en schenk de melk erbij.

2 Klop het beslag goed; zorg dat er geen klontjes in zitten.

3 Voeg de suiker toe voor zoete pannenkoeken en het zout voor hartige. Als je beslag wilt maken voor zowel zoete als hartige pannenkoeken, kun je de suiker en het zout gewoon achterwege laten.

4 Smelt 25 g boter in een koekenpan met anti-aanbaklaag. Voeg een flinke soeplepel beslag toe.

5 Laat het beslag naar de randen van de pan lopen en bak het 1 minuut.

6 Draai de pannenkoek om en bak 1 minuut.

7 Laat de pannenkoek op een bord glijden en doe het beleg van je keuze erop. Maak nog 3 pannenkoeken met de rest van het beslag. Leg eventueel bakpapier tussen de pannenkoeken en houd ze warm in een lauwwarme oven.

Extra's: als je een hele stapel hartige pannenkoeken gaat maken, kun je wat fijngehakte kruiden toevoegen.
Serveertip: doe allerlei beleg op je pannenkoeken, zoals ham en kaas, kaas en champignons, citroen en suiker, chocolade en banaan, banaan en ijs...
Restjes: beslag kun je goed afgedekt 2 dagen bewaren in de koelkast, maar je kunt het het beste dezelfde dag gebruiken.

HAM-KAASPANNENKOEKEN VOOR 4 PERSONEN

Deze pannenkoeken herinneren me aan vakanties in Frankrijk. De Fransen kunnen ze echt perfect klaarmaken.

JE HEBT NODIG:

- 200 g bloem
- 2 grote eieren
- 600 ml melk
- 1/2 tl zout
- 100 g boter (ca. 25 g per pannenkoek)
- 350 g ham, in plakjes
- 100 g geraspte kaas

1 Maak het pannenkoekbeslag (zie hiernaast).

2 Smelt 25 g boter in een koekenpan met anti-aanbaklaag. Schep er een soeplepel beslag in.

3 Laat het beslag naar de randen lopen.

4 Strooi er ham en kaas over.

5 Klap (met een spatel) de pannenkoek na 1 minuut dubbel en bak hem nog 1 minuut.

De gesmolten kaas is echt verrukkelijk.

Eet de pannenkoek meteen op.

Extra's: je kunt tegelijk met de ham en kaas ook wat tomaten en verse kruiden, zoals peterselie of koriander, toevoegen. Champignons zijn ook heerlijk. Bak ze 2-3 minuten voor je ze op de pannenkoek schept.
Serveertip: als je haast hebt, wikkel je de pannenkoek in aluminiumfolie en eet hem onderweg.
Restjes: bewaar gebakken pannenkoeken niet in de koelkast, want dan worden ze zompig. Je kunt het beslag wel bewaren: circa 2 dagen in de koelkast.

ZOETE PANNEN-KOEKEN VOOR 4 PERSONEN

Ze zijn zoet, maar niet al te zoet, waardoor je er heel veel van kunt eten. Heerlijk.

JE HEBT NODIG:
- 200 g bloem
- 2 grote eieren
- 600 ml melk
- 4 el suiker + 1/2 voor het beslag
- 100 g boter (ca. 25 g per pannenkoek)
- sap van 2 citroenen

1 Maak de pannenkoeken (zie blz. 20).

2 Leg de pannenkoeken op een bord.

3 Sprenkel citroensap over elke pannenkoek en strooi er 1 eetlepel suiker over.

4 Rol de pannenkoeken op.

Extra's: een beetje honing of wat yoghurt smaakt hier heerlijk bij.
Serveertip: niets meer aan doen.
Restjes: bewaar het beslag afgedekt 2 dagen in de koelkast.

DECADENTE CHOCOLADE-BANANENPANNEN-KOEKEN VOOR 4 PERSONEN

JE HEBT NODIG:

- 200 g bloem
- 2 grote eieren
- 600 ml melk
- 1/2 el suiker
- 100 g boter (ca. 25 g per pannenkoek)
- 100 g chocoladepasta
- 2 bananen, in plakjes

De combinatie van banaan en chocolade in een hete pannenkoek is onweerstaanbaar. Hiermee krijg je iedereen in een feeststemming. 's Zomers kun je er wat rood fruit bij doen.

2 Leg ze op een bord.

3 Bestrijk elke pannenkoek met 2 eetlepels chocoladepasta.

4 Leg er plakjes banaan op.

Extra's: wat fijngehakte munt is heerlijk, maar ook minimarshmallows, frambozen of aardbeien.
Serveertip: ik ben een enorme fan van chocolade met frambozen of aardbeien, dus die mogen er van mij ook altijd bij.
Restjes: bewaar beslag afgedekt 2 dagen in de koelkast.

2 ECHT FASTFOOD

Het leven tijdens je studie is snel en heftig. Of je nu een dag van colleges tegemoet gaat of je de deur uit haast om een avondje te gaan stappen, tijd is altijd een probleem. Dit hoofdstuk kan dan van pas komen, omdat je hier ziet hoe je met een paar simpele ingrediënten snel iets lekkers kunt maken. Alle recepten zijn voor één persoon en ideaal voor een doordeweekse avondmaaltijd, als iedereen druk is met zijn eigen dingen. Pasta doet het altijd goed en smaakt heerlijk. Ik heb ook wat suggesties voor omeletten toegevoegd, omdat ze heel snel, goedkoop en veelzijdig zijn. Gooi er gewoon van alles door: ham, tomaten, kaas... Een andere goedkope, maar heerlijke optie is risotto – echt ideaal voor een doordeweekse dag. Het grote voordeel is dat je tijdens het roeren met je andere hand een drankje kunt vasthouden.

HOE MAAK JE PASTA? VOOR 1 PERSOON

Pasta is een essentieel ingrediënt in elke studentenkeuken, vooral omdat het ideaal is als je een kater hebt. Je maakt in een mum van tijd de meest verrukkelijke pastagerechten – precies wat je nodig hebt na een lange dag. Het is goedkoop en je kunt gedroogde pasta heel lang bewaren. Maar, net als met zoveel andere dingen in het leven, het makkelijkste is soms het lastigst om goed te doen. Hier volgen daarom enkele tips en ideeën die ik handig vind als ik pasta maak.

JE HEBT NODIG:

1 l water
snufje zout
1/2 tl olijfolie
150 g gedroogde pasta, zoals spaghetti, penne of schelpjes

Pasta kook je in een grote pan kokend water zonder deksel. Een druppel olijfolie zorgt ervoor dat de pasta niet aan elkaar plakt. Gedroogde pasta heeft meestal 9-12 minuten nodig, maar op de verpakking vind je de exacte kooktijd. Verse pasta is veel sneller klaar, na 2-4 minuten. Gedroogde pasta is goedkoper en langer te bewaren en daarom handiger voor een studentenkeuken. Nog één ding: pasta blijft niet lang warm. Meteen opeten dus.

1 Breng het water aan de kook en voeg het zout en de olie toe.

2 Voeg de pasta toe en roer door om plakken te voorkomen.

3 Afhankelijk van het formaat en de vorm duurt het 9-12 minuten voor de pasta gaar is. Op de verpakking staat hoe lang ze moeten koken, maar oordeel altijd zelf voor je de pasta afgiet. Hij is gaar als hij zacht is, maar ik vind het lekker als hij nog een beetje 'beet' heeft.

4 Giet de pasta af in een vergiet en serveer met een saus. Lekker makkelijk toch?

TOMATEN-KNOFLOOKSAUS

VOOR 1 PERSOON

Dit is een smaakvolle basissaus voor pasta, maar er zijn allerlei manieren om hem nog smakelijker te maken. Zie mijn lijst van Extra's hieronder.

JE HEBT NODIG:

250 g tomatenblokjes uit blik
$^1/_2$ rode Spaanse peper, zaad verwijderd, fijngehakt
2 tenen knoflook, geperst
$^1/_2$ tl suiker

2 Verwarm alle sausingrediënten op middelhoog vuur.

3 Als de saus zacht kookt, bestrooi je hem met peper en zout.

Extra's: voeg een van de volgende ingrediënten toe aan de basissaus: blokjes spek, gebakken champignons, fijngehakte rode paprika, fijngehakt basilicum, fijngehakte peterselie, 1 eetlepel rode of witte wijn.
Serveertip: heerlijk op pasta met wat geraspte kaas of vers basilicum en een groene salade.
Restjes: de saus is heel goed in te vriezen en blijft ook 2-3 dagen goed in de koelkast. Schep een restje saus op pitabrood, een snee ciabatta of toast met wat ham en kaas en je hebt een soort minipizza. De saus is ook een prima basis voor tomatensoep; voeg er dan ca. 500 ml groente- of kippenbouillon aan toe.

CHAMPIGNON-SAUS VOOR 1 PERSOON

Deze saus is supereenvoudig en toch vol smaak. Ik gebruik crème fraîche, maar als je toevallig alleen slagroom in huis hebt, kun je die ook prima gebruiken. De saus is heerlijk bij pasta en je maakt hem terwijl de pasta kookt. Binnen 10 minuten staat er een stevige maaltijd op tafel.

JE HEBT NODIG:

75 g boter
1 lente-uitje, gehakt
1 teen knoflook, geperst
75 g champignons, in plakjes
1 el olijfolie (naar keuze)
1-2 el crème fraîche
1 citroen, in vieren
handvol bieslook, fijngehakt (naar keuze)

1 Kook de pasta (zie blz. 26).

2 Smelt de boter op laag vuur. Voeg de lente-ui en knoflook toe en bak ze in 5 minuten zacht.

3 Zet het vuur hoger en voeg de champignons toe. Als het geheel wat droog begint te worden, kun je een scheutje olijfolie toevoegen. Voeg peper en zout toe.

4 Zet het vuur laag en voeg de crème fraîche toe.

Proef een paar keer tot je vindt dat er precies genoeg citroensmaak aan de saus zit: hij moet citrusachtig smaken, maar niet te veel.

5 Knijp wat citroensap uit boven de pan.

6 Giet de pasta af en serveer hem met de saus erover. Bestrooi als je wilt met bieslook.

Extra's: kruiden smaken heerlijk in deze saus; voeg ze dus toe als je die in huis hebt. Mijn eerste keuze is bieslook of koriander.
Restjes: de saus kun je tot de volgende dag in de koelkast bewaren; langer zou ik niet doen, want er zit zuivel in de saus en die kun je doorgaans maar kort bewaren. De volgende dag warm je de saus zachtjes op en serveer je hem op toast of een bagel. Of serveer hem in een gepofte aardappel als heerlijk troostvoedsel.

MAMA'S CARBO-NARASAUS VOOR 1 PERSOON

Mijn moeder maakt de lekkerste carbonarasaus. Romig en met veel knoflook, jammie! De ingrediënten zijn heel basaal en staan in vrijwel elke studentenkoelkast: eieren, room en melk.

JE HEBT NODIG:

- 1 el olijfolie
- 2 tenen knoflook, geperst
- 100 g spekjes of baconreepjes
- 1 ei, losgeklopt
- 2 el belegen kaas, geraspt
- 125 ml slagroom
- 1 el melk

1 Kook de pasta (zie blz. 26).

2 Verhit de olie in een grote koekenpan en voeg de knoflook en spekjes toe. Bak ze onder geregeld omscheppen 5 minuten, tot het spek bruin is.

Zet de koekenpan opzij voor straks.

3 Laat de spekjes op een velletje keukenpapier uitlekken.

4 Meng het ei, de spekjes, kaas, slagroom en melk en breng alles op smaak met peper en zout.

5 Giet de pasta af als deze gaar is en schep hem in de koekenpan die je zojuist hebt gebruikt. Schenk het eimengsel erbij en verwarm alles 1 minuut op laag vuur. Zet het vuur vooral niet te hoog, want dan krijg je roerei!

6 Voeg nog wat peper en zout toe en serveer direct.

Extra's: gehakte bladpeterselie ('platte' peterselie) smaakt heerlijk op dit pastagerecht.
Serveertip: een eenvoudige groene salade smaakt hier uitstekend bij, omdat de sla het geheel wat zachter maakt.
Restjes: een restje saus kun je tot de volgende dag bewaren in de koelkast. Verwarm hem de volgende dag op laag vuur en voeg 1 theelepel room toe om hem wat minder droog te maken.

BASILICUM-KNOFLOOK-FETA-RUCOLA-OLIJFOLIE-SPAGHETTI

VOOR 1 PERSOON

JE HEBT NODIG:

- 2 tomaten, in plakjes
- 3 el olijfolie
- 150 g spaghetti
- 2 tenen knoflook, fijngehakt
- 2 el basilicum, grof gehakt
- 100 g feta, verkruimeld
- handvol rucola of andere sla

Dit gerecht heb ik een keer verzonnen toen ik mijn koelkast opendeed om een maaltijd te gaan maken. Ik vond knoflook, feta, rucola, tomaten en wat basilicum en die heb ik dus allemaal bij elkaar gedaan als saus, samen met wat olijfolie en geserveerd met spaghetti. Wauw, het was direct een van mijn lievelingsgerechten. Het handige ervan is dat je heel eenvoudig ingrediënten kunt vervangen door iets wat in JOUW koelkast ligt. Paprika en peterselie zijn bijvoorbeeld ook prima, evenals belegen of geitenkaas in plaats van feta.

Verwarm de oven voor op 180 °C.

1 Leg de plakjes tomaat in een ovenschaal met 1 eetlepel olijfolie over. Zet ze 10 minuten in de oven.

2 Kook de pasta (zie blz. 26). Doe intussen knoflook en basilicum in een kom, voeg de resterende olijfolie toe en meng goed.

3 Giet de pasta af en voeg het knoflook-basilicummengsel toe.

4 Haal de gebakken tomaten uit de oven.

5 Doe de pasta in een kom en schep de hete tomaten erdoor. Meng alles goed en als het goed is, komt er heel veel sap uit de tomaten.

6 Voeg de verkruimelde feta toe en breng het geheel op smaak met peper en zout.

7 Serveer het gerecht met rucola en eet het direct.

Extra's: praktisch alle soorten ingrediënten passen in een gerecht als dit. Paprika, alle soorten kaas, bieslook, koriander, tomaten uit blik, Spaanse peper, bacon... Struin in de koelkast en doe erin wat jou lekker lijkt.
Serveertip: omdat je sla op je gerecht serveert, hoef je niet ook nog een salade te maken. Pak gewoon een glas wijn of bier en begin te eten.
Restjes: je kunt dit gerecht een dag in de koelkast bewaren (zonder de rucola). Warm het de volgende dag op laag vuur op en voeg een extra lepel olijfolie toe. Het smaakt echter het beste op de dag van bereiding.

CHAMPIGNON-RODE-UIEN-RISOTTO

VOOR 1 PERSOON

Risotto is een van mijn favoriete gerechten om te koken, en om te eten. Het kost je ongeveer 15-20 minuten en je raakt heerlijk ontspannen van het voortdurend roeren van de risotto, terwijl je ziet dat het steeds romiger wordt. Als je een goede risotto kunt maken, wat helemaal niet zo moeilijk is, maak je echt indruk. Je kunt er van alles door doen, van geitenkaas tot champignons. Als je dit voor vrienden gaat koken, zullen ze echt versteld staan.

JE HEBT NODIG:

- 250 ml water
- 2 blokjes groentebouillon
- 50 g boter
- 2 tenen knoflook, fijngehakt
- 1/2 rode ui, fijngesnipperd
- 75 g arboriorijst
- 1/2 glas witte wijn (naar keuze)
- 75 g champignons, in plakjes
- 2 el Parmezaanse kaas, geraspt
- handvol rucola

1 Breng het water aan de kook en verkruimel de bouillonblokjes erboven. Zet het vuur laag en houd de bouillon tegen de kook aan terwijl je de risotto maakt.

2 Smelt de boter in een hapjes- of koekenpan op middelhoog vuur.

3 Voeg de knoflook en ui toe. Zet het vuur laag en fruit ze 5 minuten zachtjes, tot de ui zacht is.

5 Roer goed, zodat de rijst alle boter, ui en knoflook opneemt. Voeg nu eventueel de wijn toe.

4 Zet het vuur middelhoog en voeg de rijst toe.

6 Voeg zodra de wijn opgenomen is een schep bouillon, zout en champignons toe.

7 Blijf continu roeren. Voeg zodra de bouillon geabsorbeerd is de volgende schep toe.

9 Zodra de risotto beetgaar is, roer je de Parmezaanse kaas erdoor; serveer de risotto direct.

Extra's: dit is een heel basale risotto met alleen champignons, maar je kunt ook kruiden toevoegen, zoals rozemarijn, tijm (vooral in deze versie), peterselie of zelfs bieslook. Ook een beetje spek smaakt heerlijk in een risotto. De keuze is aan jou. Als je geen rode ui hebt of wilt kopen, is een gewone ook goed. Ik vind de smaak van rode ui in risotto hemels.
Serveertip: risotto is vaak behoorlijk vullend. Alleen wat rucola erbij is dan ook genoeg.
Restjes: je kunt risotto altijd het beste direct na bereiding eten. Je kunt rijst beter niet opwarmen.

GEITENKAAS-ROZEMARIJN-RISOTTO VOOR 1 PERSOON

Deze smaakcombinatie is echt sensationeel. Het is eenvoudig, heerlijk en echt de moeite van het proberen waard. Omdat geitenkaas niet zo goedkoop is als bijvoorbeeld belegen kaas, kun je dit gerecht bij een speciale gelegenheid maken, maar je kunt ook belegen of blauwschimmelkaas gebruiken. Je zult verbaasd zijn waar je rozemarijn allemaal kunt vinden. Ik vond het in de universiteitstuin. Kijk dus goed in je eigen tuin of die van je studiegenoten, hij kan er zomaar groeien.

JE HEBT NODIG:

- 250 ml water
- 2 blokjes groentebouillon
- 50 g boter
- 2 tenen knoflook, geperst
- 1/2 rode ui, fijngesnipperd
- 75 g arboriorijst
- 1 takje rozemarijn, fijngehakt
- 1/2 glas witte wijn (naar keuze)
- 50 g geitenkaas

1 Breng het water aan de kook en verkruimel de bouillonblokjes erboven. Zet het vuur laag en houd de bouillon tegen de kook aan terwijl je de risotto maakt.

2 Smelt de boter in een diepe koekenpan op middelhoog vuur.

3 Zet het vuur laag en voeg knoflook en ui toe

4 Fruit ze 5 minuten, tot de ui zacht is.

5 Zet het vuur hoger en voeg de rijst en rozemarijn toe. Roer goed, zodat de rijst alle boter, ui en knoflook absorbeert. Voeg nu eventueel de wijn toe.

7 Voeg als alles is geabsorbeerd weer bouillon toe; na 15-20 minuten is alles opgenomen.

8 Verkruimel de meeste kaas erover.

9 Serveer met de rest van de kaas, peper en zout.

Extra's: wat snippers spek erover is heerlijk. Doe ook eens een handvol rucola of waterkers op de risotto. De smaken komen extra goed tot hun recht met wat balsamicoazijn, als je dat hebt (1 theelepel vlak voor het serveren).
Serveertip: deze risotto smaakt ook geweldig met wat pesto erdoor (zie blz. 65). Het gerecht wordt prachtig groen en heet dan risotto verde.
Restjes: eet alles lekker op, want je kunt het toch niet bewaren.

BLOEMKOOL-KAASSCHOTEL

VOOR 1 PERSOON

Dit smaakt heerlijk als bijgerecht bij vlees, maar je kunt het ook uitstekend als snelle maaltijd op zich eten. Terwijl de bloemkool kookt, maak je de heerlijke kaassaus en daarna zet je het gerecht onder de grill of in de oven.

JE HEBT NODIG:

- ½ bloemkool, in roosjes
- 40 g boter, plus wat voor het invetten
- 40 g bloem
- 200 ml melk
- 350 g belegen kaas, geraspt

1 Breng een grote pan water aan de kook en voeg de bloemkoolroosjes toe. Kook ze 6-7 minuten, tot de stelen zacht zijn. Giet af.

2 Smelt intussen de boter op laag vuur. Voeg de bloem toe en roer 1-2 minuten.

3 Voeg de melk toe.

4 Roer alles 4-5 minuten door met een houten lepel of garde.

5 Roer driekwart van de kaas erdoor, tot deze gesmolten is. Haal de pan van het vuur.

6 Beboter de bodem van een ovenschaal en leg de bloemkool erin.

7 Schenk de kaassaus erover, strooi de rest van de kaas erover en bak het gerecht in 10-15 minuten in de oven goudbruin.

Extra's: je kunt wat reepjes gekookte ham over de bloemkool strooien voor je de kaassaus erover schenkt. Lekker hartig!
Serveertip: dit is ideaal troostvoedsel; extra huiselijk met doperwtjes ernaast.
Restjes: je kunt de kaassaus 2 dagen bewaren in de koelkast. Warm de saus HEEL langzaam en onder voortdurend roeren op in een pan. Deze keer kun je hem serveren met wat pasta en er bijvoorbeeld wat spek door doen. De saus smaakt ook uitstekend over gekookte prei; zie Preischotel (blz. 115) voor een vergelijkbaar recept.

HOE MAAK JE EEN TOSTI?

Tosti's zijn heerlijk, vooral na een avondje stappen. Denk niet aan de calorieën en vul ze met alles wat je lekker vindt op een warme boterham. Ik vind kaas het lekkerst. Ik ga er hier van uit dat je geen tostiapparaat hebt. Het lijkt misschien wat suf om een recept te geven voor tosti's, maar zelf kan ik altijd ideeën voor nieuwe vullingen gebruiken.

HAM-KAAS-TOSTI VOOR 1 PERSOON

JE HEBT NODIG:
- 2 sneetjes brood
- 1 tl boter
- 1 tl mayonaise
- 3 plakken ham
- 3 plakken belegen kaas

1 Rooster het brood 2 minuten in een broodrooster of leg het onder de grill.

2 Haal het brood uit het rooster en bestrijk het met boter en mayonaise.

3 Leg de ham en kaas op 1 snee brood.

4 Leg de andere snee erop.

Extra's: je kunt er ook wat tomaten of sla tussen doen.
Serveertip: serveer er ketchup bij.

BANANEN-TOSTI VOOR 1 PERSOON

JE HEBT NODIG:

- 2 sneetjes brood
- 1 banaan
- 1 tl boter
- 1 tl suiker

Dit klinkt misschien als een vreemde combinatie, maar als klein meisje was ik gek op bananentosti's. Zo af en toe eet ik er nog een en vooral na een avondje in de kroeg smaken ze heerlijk. Ze zijn tegelijk zoet en hartig – twee vliegen in één klap dus.

1 Rooster het brood.

2 Snijd de banaan in plakjes.

3 Besmeer het brood met boter en leg de plakjes banaan op 1 snee.

4 Strooi er wat suiker over en leg de andere snee erop.

Extra's: je kunt ook nog 1 theelepel chocoladepasta toevoegen – echt fantastisch. Dat geldt trouwens ook voor bruine suiker.
Serveertip: drink er een lekkere kop thee bij.

T'S CLUBSANDWICH

VOOR 1 PERSOON

Deze clubsandwich maak ik geregeld voor mijn vrienden. Het geeft niet als je niet alle ingrediënten in huis hebt: gebruik gewoon wat je wel hebt.

JE HEBT NODIG:

- 2 sneetjes brood
- 1 tl boter
- 2 tl mayonaise
- 1 tl zoete chilisaus
- 1-2 plakjes gebakken spek (restjes zijn prima)
- 3-4 plakjes koude kip (ook hier zijn restjes prima)
- 2 plakken ham
- 2 plakken kaas
- 2 plakken avocado
- 2 cocktailprikkers

1 Rooster het brood en zet intussen de overige ingrediënten klaar.

2 Besmeer het brood met de boter, mayonaise en chilisaus.

3 Stapel dan het spek, de koude kip, ham, kaas en avocado of wat je maar hebt op 1 snee.

4 Sluit het geheel af met de andere snee en snijd de sandwich diagonaal doormidden.

5 Steek door elke helft een cocktailprikker.

Extra's: voeg toe of laat weg wat je wilt. Sla is heerlijk in een tosti. Probeer ook eens $^1/_2$ theelepel pesto (zie blz. 65). Je kunt met deze ingrediënten ook een wrap maken door het brood te vervangen door een tortilla.
Serveertip: zorg voor een flinke stapel servetten, want je gaat gegarandeerd knoeien.
Restjes: niet geschikt om te bewaren, dus meteen opeten.

KAAS OP TOAST

VOOR 1 PERSOON

Dit is een recept van mijn stiefmoeder. Deze toast smaakt heerlijk en is eigenlijk een soort open tosti. De uiensmaak wordt zachter onder de grill, maar geeft nog wel net dat beetje extra pit aan de gehele combinatie. Geweldig troostvoedsel!

JE HEBT NODIG:

- 1 el fijngesnipperde ui
- 150 g belegen kaas, geraspt
- 2 el melk
- 1 tl worcestersaus
- 2 sneetjes witbrood
- 1 tl boter

1 Meng de ui, kaas, melk en worcestersaus in een kom en breng het mengsel pittig op smaak met peper en zout.

2 Verdeel het mengsel gelijkmatig over het brood.

3 Leg ze onder de hete grill.

4 Bak het brood 5-7 minuten, tot de kaas goudbruin en heet is.

Extra's: je kunt op elke snee brood 2 plakken ham leggen voor je het kaasmengsel erop doet en voilà: verrukkelijke toast met ham en kaas.
Serveertip: serveer de toast met lekker veel ketchup en verder niks.

HAM-KAAS-OMELET VOOR 1 PERSOON

Omeletten zijn het ultieme fastfood: je bakt ze in 1 minuut op hoog vuur. Als dat niet snel is! Volg mijn tips op voor een perfecte omelet. Gebruik een koekenpan met antiaanbaklaag van 10-12 cm doorsnee. Ik gebruik boter met een beetje olie omdat boter alleen op hoog vuur snel verbrandt, maar niet als je er wat olie bij doet.

JE HEBT NODIG:

- 2 eieren
- 1 el melk
- 25 g boter
- 1 tl olie
- 2 el geraspte belegen kaas
- 2 el fijngesneden ham

1 Breek de eieren in een kom en voeg de melk toe. Klop de eieren los met een vork tot ze zich net mengen met de melk: er moet wat lucht in de eieren blijven, zodat de omelet lekker luchtig wordt. Voeg flink wat peper en zout toe.

2 Verwarm de pan op hoog vuur en voeg de olie en boter toe. Laat ze goed heet worden en voeg dan de eieren toe.

3 Schraap met een spatel het mengsel van de buitenkant naar het midden. Houd de pan schuin zodat vloeibare delen ei in de vrijgekomen plekken lopen. Na hooguit 1 minuut is de omelet klaar. Vergeet niet dat het vuur HOOG moet staan; je zult dus snel moeten werken.

4 Strooi de kaas en ham over het midden van de omelet en schud de pan wat heen en weer. Klap de helft van de omelet over de andere helft, zodat de kaas sneller smelt.

5 Na zo'n 10 seconden laat je de omelet op een bord glijden.

Extra's: wat vullingen betreft kun je zo creatief zijn als je zelf wilt. Het is een fantastisch gerecht om allerlei restjes op te maken, zoals champignons, spek, tomaten, gekookte aardappels of kip. Voeg wat fijngesneden tomaten toe voor een ham-kaas-tomaatomelet.
Serveertip: eet de omelet met een groene salade voor de nodige vitaminen.
Restjes: je kunt omelet niet goed bewaren: maak er daarom een die je in één keer op kunt.

SPAANSE OMELET

VOOR 1 PERSOON

Spanjaarden noemen dit een *tortilla* en serveren hem warm of koud. In punten gesneden kun je hem meenemen naar school of een picknick. Ook voor dit gerecht kun je allerlei restjes gebruiken: je kunt er alles in doen wat je lekker vindt. Ik maak hem met aardappels, uien en tomaten, maar laat weg of voeg toe wat je wilt.

JE HEBT NODIG:

- 1 tl olie
- 3 kleine nieuwe aardappels, in dunne plakjes
- 25 g boter
- 3 eieren, geklopt
- 1 middelgrote tomaat, in kleine blokjes
- $^1/_2$ ui, in dunne ringen

1 Verhit de olie in een koekenpan van 10-12 cm doorsnede op hoog vuur. Voeg de aardappels toe en een flinke snuf zout. Zet het vuur iets lager en bak ze in 5 minuten goudbruin. Schep de aardappels uit de pan en zet ze apart.

Je hoeft het eimengsel niet naar het midden te schrapen, zoals bij een omelet: de randen mogen juist goed stollen.

2 Smelt dan de boter in de pan op middelhoog vuur en doe de eieren erin.

3 Voeg de aardappels, tomaat en ui toe.

4 Na 3 minuten begint de tortilla te stollen. Draai haar om, zodat ze overal even gaar wordt; doe dit door een bord dat groter is dan de pan, op de pan te leggen en de tortilla op het bord te storten.

5 Laat de tortilla terug in de pan glijden en bak de andere kant nog 2 minuten. Serveer direct.

Extra's: durf te experimenteren en voeg andere ingrediënten toe, zoals spek, doperwtjes, rode ui en peperoni.
Serveertip: smaakt ook koud prima. Handig om mee te nemen naar de bibliotheek of universiteit als snack. Ook lekker bij de borrel als je vrienden komen: je kunt de tortilla 's morgens klaarmaken en 's avonds in punten serveren.
Restjes: je kunt de tortilla 2 dagen bewaren in de koelkast.

EENPANSKIP-SCHOTEL VOOR 1 PERSOON

Dit gerecht vind ik heerlijk als ik moe en hongerig thuiskom. Het is snel en gemakkelijk te maken, want je doet alles bij elkaar in een braadslee, zet die in de oven en na 20 minuten heb je een heerlijke maaltijd. Je kunt de kip ook vervangen door een stuk vis als je eens wat anders wilt.

JE HEBT NODIG:

- 1-2 kippenpoten
- 2 tenen knoflook
- ½ rode ui, in halve ringen
- 1 tomaat, in partjes
- 2 el olijfolie
- takje rozemarijn
- basilicum, voor erbij (naar keuze)

1 Leg de kip, knoflook, ui en tomaat in een braadslee.

2 Besprenkel alles met olijfolie en strooi er zout over.

3 Leg de rozemarijn erop en bak alles 20 minuten in de oven, tot de kip gaar is.

4 Schep alles op een bord en strooi er eventueel wat basilicum over.

Extra's: rooster kip ook eens met nieuwe aardappels, partjes citroen en tijm. Een scheutje witte wijn maakt het helemaal af.

Serveertip: om er een complete maaltijd van te maken kun je er aardappelpuree, frites of met de kip meegebakken nieuwe aardappels bij serveren.

Restjes: gare kip kun je 2 dagen bewaren in de koelkast en daarna verwerken in een salade, in pasta of risotto.

KIP IN SPEK VOOR 1 PERSOON

Dit is een supersnel en simpel gerecht. Het spek ruikt verrukkelijk tijdens het bakken, waardoor je gegarandeerd trek hebt tegen de tijd dat het klaar is.

JE HEBT NODIG:

- 1 plak spek, gerookt of ongerookt
- 1 kipfilet
- 1 el olijfolie

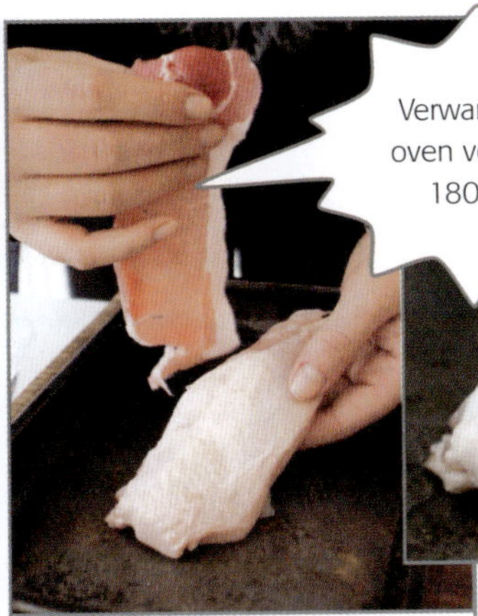

Verwarm de oven voor op 180 °C.

1 Wikkel de plak spek rond de kipfilet en stop de uiteinden eronder.

2 Leg de kip in een kleine braadslee en schep de olijfolie erover.

3 Zet hem 15 minuten in de oven.

4 Haal de kip uit de oven en serveer direct.

Extra's: ik heb het heel simpel gehouden om te laten zien hoe gemakkelijk dit gerecht kan zijn. Je kunt echter volop variëren. Een paar suggesties: wrijf knoflook over de kip voor je er spek om doet; steek een takje rozemarijn of tijm onder het spek; of leg een klein plakje belegen Goudse (of een andere soort, zoals blauwschimmelkaas) onder het spek.
Serveertip: serveer de kip met een scheutje olijfolie en wat pasta, rijst of een sappige tomatensalade.
Restjes: je kunt gare kip 2 dagen bewaren in de koelkast. Warm de kip op in een ovenschaal, afgedekt met aluminiumfolie, in een op 110 °C voorverwarmde oven (circa 15 minuten). Koud kun je de kip in reepjes snijden en verwerken in een salade of couscous. Je kunt kip ook meenemen in je broodtrommel.

3 ETEN VOOR ONDERWEG

Elke student moet zuinig aan doen, maar je brengt je dagen door in collegezalen en bibliotheken en voor je het weet is het alweer lunchtijd. Het kost nogal wat om geregeld een broodje of salade en een drankje te kopen. Daarom: als je je eigen eten klaarmaakt en meeneemt, kun je heel wat geld besparen.

In dit hoofdstuk vind je recepten van mijn favoriete wraps, broodjes, salades en couscous. Zelf heb ik er altijd veel plezier van gehad: ze smaken fantastisch en zijn prima mee te nemen. Het kost maar weinig tijd om ze te maken: geef jezelf 's morgens 10 minuten extra en je kunt op pad.

TONIJN-LENTE-UITJESPITA VOOR 1 PERSOON

JE HEBT NODIG:
- 200 g tonijn, op water
- 1 lente-uitje, gehakt
- 1 el mayonaise
- 1 el tomatenketchup
- 1 middelgrote tomaat, gehakt
- 1-2 pitabroodjes
- 2-4 blaadjes sla

In de meeste broodtrommels vind je boterhammen. Ik experimenteer graag met vullingen en verschillende soorten brood: gewoon brood is lekker, maar broodjes, wraps en pitabrood zijn fantastisch. Het is goed om geregeld af te wisselen, zodat je er nooit zat van wordt. Ik heb altijd wraps in de kast liggen, omdat ze gezond zijn als lunch en 's avonds snel zijn om te toveren tot lekkere fajita's, een andere favoriet.

1 Giet de tonijn af. De meeste tonijn in blik bevat water of olie; ik neem meestal tonijn in (gezouten) water, omdat die het gezondst en lekkerst is.

Een paar jaar geleden was ik met een vriendin op vakantie en zij deed altijd ketchup op haar broodje tonijn. Eerst vond ik dat heel raar, maar toen ik het eenmaal geprobeerd had, was ik om...

2 Meng de tonijn met lente-ui, mayonaise, ketchup en tomaat. Breng het mengsel op smaak met peper en zout.

3 Rooster de pita's.

4 Doe je tonijnvulling erin en doe er wat sla bij.

Eten maar!

Extra's: kappertjes, gehakt bieslook.
Serveertip: je kunt je broodtrommel verder vullen met allerlei lekkers, zoals chips of een chocoladereep, en een salade van geraspte wortel, komkommer en selderij.
Restjes: overgebleven vulling kun je 1-2 dagen bewaren in de koelkast en smaakt lekker in een gepofte aardappel.

SANDWICH MET EIERSALADE VOOR 1 PERSOON

Eiersalade doet me denken aan de heerlijke boterhammen die ik als kind altijd in mijn broodtrommel aantrof. Het is heel gemakkelijk te maken en verrukkelijk op een boterham. Hmm...

JE HEBT NODIG:

- 2 eieren
- 1 el mayonaise
- 1 tl boter
- 2 sneetjes brood

1 Breng een pan water aan de kook. Leg met een grote lepel de eieren in de pan.

2 Kook de eieren 8 minuten, giet ze af en vul de pan met koud water. Laat ze zo 2 minuten afkoelen. Zodra ze afgekoeld zijn, pel je ze.

3 Rasp de eieren grof en doe ze in een kom. Je kunt ze ook fijnprakken met een vork of kleinsnijden.

4 Roer de mayonaise erdoor, en veel peper en zout.

5 Doe boter en de salade op je brood.

Extra's: fijngehakt bieslook, tuinkers.
Serveertip: deze salade smaakt heerlijk op stevig, vers boerenbrood.
Restjes: je kunt de salade 2 dagen in de koelkast bewaren in een goed afgesloten bakje.
Andere sandwichvullingen: ham en kaas, ham en mosterd, kip en mais, kip en mayonaise (ook lekker in een gepofte aardappel), ham en tomaat, of komkommer. Je kunt je boterham nog lekkerder maken met sla, komkommer, mayonaise en wat peper en zout.

AARDAPPEL-SPEK-LENTE-UISALADE VOOR 1 PERSOON

Deze salade is gewoonweg super en smaakt geweldig bij wat kip of gewoon zó, als een heerlijk avondmaal.

JE HEBT NODIG:

- 4 kleine nieuwe aardappels, gehalveerd
- 1 tl plantaardige olie
- 2 plakken spek, gehakt
- 1 lente-uitje, gehakt
- 1 el mayonaise

1 Breng een pan water aan de kook en doe de aardappels erin. Kook ze 10 minuten.

2 Verhit de olie in een koekenpan. Bak het spek in 4-5 minuten knapperig op middelhoog vuur en laat uitlekken op keukenpapier.

3 Controleer of de aardappels gaar zijn door er met een mes in te prikken.

4 Giet de aardappels af en doe ze in een kom. Voeg het knapperige spek en het lente-uitje toe en roer de mayonaise erdoor.

Extra's: je kunt vlak voor het serveren stukjes gare kip door de salade doen. Je geeft de salade extra smaak met verse koriander. Een prima alternatief voor mayonaise is crème fraîche of zure room.
Serveertip: deze salade smaakt goed bij Gebraden kip (zie blz. 110-111). Als je liever een warme versie eet, verwarm de gekookte aardappels dan op laag vuur bij het gebakken spek in de pan, voeg de lente-uitjes toe en vervang de mayo door crème fraîche. Voeg wat fijngehakte koriander toe en dien op.
Restjes: je kunt de gekookte aardappels tot wel 4 dagen in de koelkast bewaren. Leg ze een paar minuten in zacht kokend water om de kou eraf te halen. De salade wordt papperig als je hem bewaart met de mayonaise erdoor; wacht daar dus mee tot het moment dat je de boel op tafel zet.

KIKKERERWTEN-RODE-UIEN-SALADE

VOOR 1 PERSOON

Kikkererwten lijken qua uiterlijk wel wat op hazelnoten. Ze vormen het hoofdingrediënt van hummus en smaken verrukkelijk met citroen en olijfolie. Ik koop ze altijd in blik (gewoon in de supermarkt): ze zijn dan voorgekookt en je hoeft ze niet lang te weken of iets dergelijks. Deze salade is prima mee te nemen als lunchgerecht en is enorm voedzaam.

JE HEBT NODIG:

- 200 g kikkererwten uit blik
- $^1/_2$ rode ui, fijngesnipperd
- $^1/_2$ komkommer, in blokjes
- 1 teen knoflook, fijngehakt
- sap van 1 citroen
- 1 el olijfolie

Extra's: voeg voor de verandering eens $^1/_4$ theelepel gemalen komijn toe en doe er wat koude stukjes Gebraden kip (zie blz. 110-111) in. Gehakte peterselie zorgt voor wat kleur en verkruimelde feta voor extra smaak.
Serveertip: eet er pitabrood bij voor een extra stevige lunch. Je kunt de salade ook in een grote schaal serveren tijdens een feestje, bijvoorbeeld met wat vlees van de barbecue, zoals Honing-mosterdkip (blz. 137) of worstjes (blz. 136). Ook lekker met Tzatziki (blz. 61).
Restjes: je kunt deze salade 2 dagen in de koelkast bewaren in een afgesloten bakje.

WRAP MET KIP EN TOMATENSALSA

VOOR 2 WRAPS

In Newcastle zit een geweldig lunchcafé, 'Dene's Deli', waar veel studenten naartoe gaan als ze geen zin hebben om hun eigen lunch te maken. Ik neem altijd dezelfde wrap als ik erheen ga. Het is een goed gevulde wrap met kip, bacon, avocado, mozzarella, sla, mayonaise en pesto. Dit wraprecept is wat eenvoudiger en geïnspireerd op een echte studentenhit: de fajita!

JE HEBT NODIG:

1 tl plantaardige olie
1 kipfilet, in reepjes
1 teen knoflook, fijngehakt
1/2 rode paprika, in reepjes
1 middelgrote tomaat, gehakt
1/2 tl olijfolie
snufje suiker
2 tortilla's
handvol sla, gescheurd
handvol belegen kaas, geraspt

1 Verhit de olie in een koekenpan en voeg de kip en knoflook toe. Zet het vuur iets lager.

2 Bak de kip 2 minuten en voeg de paprika toe.

3 Bak beide nog 3 minuten en controleer of de kip gaar is, door een stukje door te snijden.

4 Meng de tomaat met de olijfolie en suiker.

5 Leg de tortilla's op een werkblad en schep de tomatensalsa in het midden.

6 Leg de kip en paprikareepjes erop.

7 Leg de sla en geraspte kaas erop.

8 Vouw elke wrap stevig rond de vulling.

Wikkel wat aluminiumfolie rond de wraps.

Extra's: geraspte kaas, sla, zure room, Spaanse peper.
Serveertip: wikkel de wraps in folie en neem ze mee als lunch. Perfect. Meer fajitatips op blz. 81.
Restjes: het gare kipmengsel blijft 2 dagen goed in de koelkast. Warm het op door het 15 minuten in een op 110 °C voorverwarmde oven te leggen. De salsa blijft 2 dagen goed in de koelkast in een afgesloten bakje.

HOE MAAK JE COUSCOUS? VOOR 1 PERSOON

JE HEBT NODIG:
- 50 g couscous
- 60 ml kokend water

Couscous wordt vooral in Marokko en elders in het Midden-Oosten gegeten, vaak samen met een vlees- of groentestoofschotel. Het is lekker op zich of als bijgerecht en smaakt uitstekend bij van alles, van vlees tot geroosterde groente. Ook ideaal voor de lunch.

1 Doe de couscous in een kom.

2 Schenk het kokende water erop.

3 Roer goed door en laat 5 minuten wellen.

De couscous is nu verdubbeld in omvang en gewicht. Je kunt hem warm of koud eten.

4 Roer met een vork, zodat alle korrels loskomen van elkaar.

Extra's: in plaats van kokend water kun je ook kippen- of groentebouillon gebruiken. Roer er 1 theelepel olijfolie of boter door om de couscous extra smaak te geven.
Serveertip: couscous smaakt uitstekend bij vlees en kan worden verrijkt met gemalen komijn of kardemom. Je kunt er ook een salade van maken.
Restjes: gekookte couscous blijft 3 dagen goed in de koelkast in een afgesloten bakje. Om hem op te warmen doe je hem in een ovenschaal; sprenkel er wat water over en laat alles langzaam warm worden in een op 110 °C voorverwarmde oven. Maar couscous is koud ook lekker.

COUSCOUS MET GEROOSTERDE RODE GROENTEN VOOR 1 PERSOON

Heerlijk en voedzaam als salade, geweldig als je vegetariër bent en perfect als voorverpakte lunch. De zoete smaak van de tomaten en rode paprika maakt dit tot een ware sensatie.

JE HEBT NODIG:

- 1 rode paprika, in repen
- 2 tomaten, gehalveerd en in kwarten
- 1/2 Spaanse peper, zaad verwijderd, fijngehakt
- 2 tenen knoflook, geperst
- 2 tl olijfolie
- 1/2 tl suiker
- 50 g couscous
- 60 ml kokend water

Verwarm de oven voor op 200 °C.

1 Doe de paprika, tomaten, Spaanse peper en knoflook in een braadslee, besprenkel ze met olijfolie en strooi er wat suiker over. Hierdoor wordt de zoetheid van de groenten versterkt.

2 Rooster ze 15 minuten, tot de sappen uit de tomaten en paprika komen.

3 Maak intussen de couscous: schenk er kokend water over, laat alles 5 minuten staan en roer de korrels los (zie hiernaast).

4 Doe de groenten bij de couscous en serveer direct, of doe alles in een bakje voor later.

Extra's: je kunt met dit gerecht veel dingen doen. Het is echt een van mijn lievelingsgerechten. Je kunt er nog allerlei geroosterde groenten aan toevoegen, bijvoorbeeld een rode ui die je in kwarten gesneden mee roostert met de paprika en tomaten. Of verkruimel er wat feta over, of leg er mozzarella op. Je kunt ook wat pesto maken, als je peterselie of basilicum hebt liggen (zie blz. 65).

Serveertip: een scheutje balsamicoazijn doet wonderen met de smaken in dit gerecht. Doe alles in een goed afsluitbaar bakje om als lunch mee te nemen.

Restjes: als je restjes hebt die je wilt bewaren voor de volgende dag, adviseer ik je om de couscous en groenten in aparte bakjes in de koelkast te zetten. Als je ze bij elkaar doet, wordt de couscous papperig. Warm de groenten in een ovenschaal 10 minuten op in een op 110 °C voorverwarmde oven.

MAROKKAANSE COUSCOUS-SALADE VOOR 1 PERSOON

Deze salade kun je vaak kant-en-klaar in de winkel kopen, maar is goedkoper en lekkerder als je hem zelf maakt. Zelf ben ik dol op de combinatie van couscous, rozijnen, komkommer, rode ui en yoghurt. Dit is de lekkerste lunch die er is!

JE HEBT NODIG:

- 1 blokje kippen- of groentebouillon
- 60 ml kokend water
- 50 g couscous
- 1/2 komkommer, in blokjes
- 1/2 rode ui, fijngesnipperd
- 2 el munt, gehakt
- 1 el rozijnen of krenten
- 1 el olijfolie
- sap van 1 citroen

1 Doe het bouillonblokje in het kokende water. Roer tot het is opgelost, schenk de bouillon op de couscous en laat deze 5 minuten wellen.

2 Roer de couscous los met een vork en meng de komkommer, ui, munt en rozijnen erdoor. Voeg de olijfolie en het citroensap toe en strooi er peper en zout naar smaak over.

3 Roer alles grondig door elkaar.

4 Doe de salade in een afsluitbaar bakje en stap op je fiets...

Extra's: specerijen zijn hierin erg lekker en ik stel voor om 1/4 theelepel komijn door de overige ingrediënten te mengen. Gehakte verse koriander of gedroogde abrikozen passen er ook goed bij.
Serveertip: uiteraard zijn dit allemaal tips voor een lunch die je mee naar 'de uni' kunt nemen, maar je kunt deze salade natuurlijk ook prima bij het avondeten serveren. Gebruik pitabrood als een eetbare lepel.
Restjes: je kunt alle ingrediënten mengen en 2 dagen in een afgesloten bakje bewaren in de koelkast. Hierdoor kunnen alle smaken goed intrekken en ontstaat een echt Marokkaanse smaak.

GROENE COUSCOUS-SALADE VOOR 1 PERSOON

Verrukkelijk, deze frisse, groene salade. Kook de groenten niet te lang, want ze smaken het beste als ze nog wat beet hebben. Gebruik lekker veel limoensap: dat doet je echt goed na een vermoeiende, lange dag.

JE HEBT NODIG:

- 75 g diepvriesdoperwten
- 50 g sugarsnaps
- 1 blokje kippen- of groentebouillon
- 60 ml kokend water
- 50 g couscous
- 1 el olijfolie
- ½ groene Spaanse peper, zaad verwijderd, fijngehakt
- sap van 1 limoen
- 50 g feta

1 Breng een middelgrote pan water aan de kook en voeg de doperwten en sugarsnaps toe. Kook ze 3-4 minuten zonder deksel.

2 Roer intussen het bouillonblokje door de 60 ml kokend water en schenk dat op de couscous. Laat alles 5 minuten staan en roer los met een vork.

3 Giet de erwten en sugarsnaps af en doe ze bij de couscous.

4 Voeg de olijfolie, Spaanse peper en het limoensap toe.

5 Roer goed en proef. De smaak moet tintelend zijn. Doe de salade in een bakje.

6 Strooi de feta erover en serveer.

Extra's: alles wat groen is... Probeer kruiden als koriander, peterselie of basilicum. Groene paprika of een schepje pesto zijn ook lekker. En wat dacht je van tuinbonen? Je kunt de feta vervangen door geitenkaas.
Serveertip: als lunch eet ik de salade gewoon zo. Hij smaakt echter ook heerlijk bij gebraden kip of een zomerse barbecue. De salade is gekoeld het lekkerst, doe daarom een koelelement in je tas als je hem ergens mee naartoe neemt.
Restjes: wil je de salade langer dan een ochtend bewaren, doe de couscous dan in een ander bakje dan de groenten. Zo zijn de ingrediënten 2 dagen houdbaar.

4 GEZONDE DAGEN VOOR DE MEIDEN

Nou meiden, waar houden wij van? Dat zal geregeld hetzelfde zijn als wat de mannen lekker vinden, maar denk ook eens aan salades en soepen. Ik heb hier wat recepten voor je die geweldig zijn voor een avondje met vriendinnen. Een lekkere roerbakschotel doet het altijd goed. Laat iedereen helpen met snijden en doe er wat rijst of noedels bij voor een complete maaltijd. Je kunt ook een soort binnenpicknick organiseren; ik vind het heerlijk als mijn vriendinnen langskomen en op de vloer gaan zitten om samen lekkere rauwkost, tzatziki en bruschetta te eten terwijl we heerlijk roddelen. Voor dit soort eten hoef je weinig te doen en het zorgt voor een ontspannen avond. Ook ideaal voor als je een avondje film wilt kijken of gewoon wilt bijkletsen met een fles wijn erbij.

CAESARSALADE

VOOR 2-4 PERSONEN

Dit is een traditioneel gerecht bij ons thuis. Restjes kip en spek zien er zo eenzaam en onaantrekkelijk uit in de koelkast, maar krijgen een nieuw leven in deze salade. Probeer ook de dressing zelf te maken. Een echt succesnummer.

JE HEBT NODIG:

- 1 el olijfolie
- 200 g spek of bacon, in reepjes
- 2 kropjes little gem
- 2 el geraspte Parmezaanse of belegen kaas

Dressing:

- sap van 1/2 citroen
- 2 eidooiers
- 1/2 tl mosterd
- 1 el wittewijnazijn
- 2 tenen knoflook, geperst
- 400 ml olijfolie

1 Verhit de olijfolie in een koekenpan en voeg het spek toe. Bak het in 4 minuten goudbruin. Schep uit de pan en laat uitlekken.

2 Doe de sla op een bord en strooi het spek en de kaas erover.

3 Klop voor de dressing citroensap, dooiers en mosterd door elkaar. Voeg langzaam de azijn toe en klop goed. Roer dan de knoflook erdoor.

4 Nu komt het onderdeel waarbij je goed moet opletten. Doe niet alle olie ineens erbij. Schenk met een heel dun straaltje, om te voorkomen dat de dressing gaat schiften. Blijf kloppen en je krijgt een gladde dressing.

5 Bestrooi de sla met peper en zout, schenk de dressing erover en serveer.

Extra's: vaak wordt kip gebruikt in een caesarsalade, hoewel dat eigenlijk niet hoort. Maar wat kan jou dat schelen: schep er rustig wat reepjes gare kip door. Olijven en ansjovis smaken ook heerlijk.
Serveertip: je kunt de salade in een grote kom doen, zodat iedereen zelf kan opscheppen.
Restjes: bewaar restjes spek en kip apart van de rest. Een salade met dressing kun je niet goed bewaren, dus als je denkt dat je vriendinnen niet alles gaan opeten, serveer de dressing dan apart. Dek sla, spek en kaas af en bewaar ze hooguit 2 dagen in de koelkast.

RAUWKOST MET TZATZIKI VOOR 2-4 PERSONEN

Ik serveer dit als er vriendinnen op bezoek komen en ik geen zin heb om te koken. Het is een mediterraan feestmaal dat altijd een succes is. Een geweldig alternatief voor chips met een dipsausje.

JE HEBT NODIG:

3 wortels, geschrapt
1 komkommer
10 sugarsnaps
10 kerstomaatjes
6 pitabroodjes, geroosterd en in repen

Tzatziki:

6 el yoghurt
2 el komkommer, in blokjes
2 tl olijfolie
2 tl citroensap

1 Snijd wortel en komkommer in reepjes en rooster het brood.

2 Leg alles op een platte schaal.

3 Meng de yoghurt, komkommer, olijfolie en citroensap in een kleine kom.

Serveer de rauwkost met de tzatziki.

Extra's: radijsjes zijn ook heerlijk, evenals witlof en rauwe broccoli, die heel veel wordt gegeten in Frankrijk. Een 1/2 theelepel gemalen komijn geeft de tzatziki extra power.
Serveertip: rauwkost ziet er prachtig uit op een mooie schaal of in een mand. Je kunt ook meer tzatziki maken en een grote kom in het midden zetten.
Restjes: je kunt de rauwkost afgedekt 2 dagen bewaren in de koelkast, evenals de tzatziki.

WARME SALADE NIÇOISE VOOR 2-4 PERSONEN

Dit is een heerlijk gerecht. Ik vind het lekker als de ingrediënten warm zijn en de sla lekker knapperig. Als je wat meer geld hebt, zou je ook eens verse tonijn kunnen gebruiken.

JE HEBT NODIG:

3 eieren
6 kleine nieuwe aardappels, gehalveerd
150 g sperziebonen
100 g sla
4 lente-uitjes, gehakt
500 g tonijn uit blik, uitgelekt
2 el olijven of ansjovis (naar keuze)

Dressing:

6 el olijfolie
2 el wittewijnazijn
een scheutje citroensap

1 Doe de eieren in kokend water en kook ze in 8 minuten hard.

2 Doe de aardappels in een pan water. Breng aan de kook, kook ze 5 minuten, voeg de bonen toe en laat alles nog 5 minuten koken.

3 Doe intussen de sla in kommen en bestrooi met de lente-uitjes.

4 Giet de aardappels en bonen af. Verdeel de bonen over de sla.

5 Verdeel de tonijn over de salade.

6 Voeg dan de aardappels toe.

7 Giet de eieren af en leg ze 2 minuten in koud water voor je ze pelt. Snijd de eieren doormidden en leg ze op de salade.

8 Verdeel desgewenst de ansjovis of olijven over de salade.

9 Maak de dressing en schenk deze over de salade. Bestrooi met peper en zout en serveer.

Extra's: olijven en ansjovis smaken goed bij de tonijn. Je kunt echter van alles toevoegen, zoals tomaten en komkommer. Het is een salade, dus doe erin wat je lekker vindt.
Serveertip: geef er een stuk stevig boerenbrood bij.
Restjes: salade met dressing kun je niet bewaren. Serveer de dressing daarom liever apart. Dek overgebleven salade af en bewaar hem tot de volgende dag in de koelkast.

BRUSCHETTA

VOOR 2-4 PERSONEN

In Italië wordt bruschetta ook wel *fettunata* genoemd, wat 'geoliede plak' betekent. Ik ben een enorme fan van knoflook en alles wat Italiaans is, dus dit is echt hemels voor mij. Het is ideaal als hapje voor als er vrienden komen, maar je kunt het ook als lunch of avondeten voor jezelf maken.

JE HEBT NODIG:
- 5 tenen knoflook
- 4 sneetjes (stok)brood of ciabatta
- 4 el olijfolie
- 4 tomaten, zaad verwijderd, kleingesneden
- 2 el vers basilicum, gehakt

Verhit de grill voor.

1 Snijd 2 tenen knoflook doormidden en wrijf het brood ermee in. Besprenkel met de helft van de olijfolie.

2 Rooster het brood 3 minuten onder een hete grill tot het bruin is, draai om en gril ook de andere kant.

3 Hak intussen de rest van het knoflook fijn en meng met de tomaten en het basilicum. Schenk de rest van de olie erover. Breng alles op smaak met peper en zout.

4 Haal het brood uit de grill en schep het tomatenmengsel erop. Direct serveren!

Extra's: waar moet ik beginnen? Je kunt hier van alles aan toevoegen, maar het hangt allemaal af van je budget. Ik doe er graag plakjes avocado, mozzarella en wat pesto op.
Serveertip: bruschetta is zó al heerlijk en mooi om te zien, niets meer mee doen dus.
Restjes: je kunt de vulling (apart) bewaren in een afgesloten bakje in de koelkast. Je kunt de hele bruschetta niet bewaren: dan wordt het brood helemaal zompig.

HUISGEMAAKTE PESTO VOOR 4 PERSONEN

Dit is niet het meest gebruikelijke studentengerecht, maar mijn studiegenoten vragen me altijd hoe je pesto maakt en ik snap wel waarom. Hij smaakt verrukkelijk en je kunt hem 4-5 dagen bewaren in de koelkast. Je kunt hem gebruiken voor van alles, van pasta en pizza tot bruschetta. Je kunt zelf kiezen welke kruiden je wilt gebruiken; ik vind basilicumpesto het lekkerst, maar deze peterseliepesto is ook verrukkelijk.

JE HEBT NODIG:

4 el peterselie, fijngehakt
2 tenen knoflook, geperst
1 el Parmezaanse kaas, geraspt
1 el pijnboompitten, fijngehakt (naar keuze)
sap van $^{1}/_{2}$ citroen
4 el olijfolie

1 Meng de peterselie, knoflook, Parmezaanse kaas, pijnboompitten en het citroensap.

2 Roer de olijfolie erdoor.

3 Proef en breng de pesto op smaak met peper en zout. Als hij wat dikker moet zijn, kun je wat kruiden toevoegen; wil je hem dunner, voeg dan olie toe.

Extra's: als je moet bezuinigen, kun je de pijnboompitten weglaten.
Serveertip: pesto smaakt heerlijk op Bruschetta (zie hiernaast), maar ook als eenvoudige saus bij pasta, kip of op een pizza. Doe hem ook eens op T's clubsandwich (blz. 40).
Restjes: bewaar pesto goed afgedekt 4-5 dagen in de koelkast. Roer hem goed door voor gebruik.

GROENTESOEP MET WEINIG CALORIEËN

VOOR 4 PERSONEN

Dit is mijn favoriete lunch als ik op de lijn moet letten. De soep smaakt heerlijk en hoort niet thuis in het rijtje 'afschuwelijke dieetmaaltijden'. Ik pureer de soep niet, maar gooi alles in een pan en eet hem lekker dik. Geweldig op een koude winteravond.

JE HEBT NODIG:

- 2 blokjes groentebouillon
- 1 l kokend water
- 1 rode Spaanse peper, zaad verwijderd, grof gehakt
- 2 tenen knoflook, geperst
- 2 wortels, geschrapt en in plakjes
- 2 preien, in ringen
- 1 knolselderij, geschild en in blokjes
- 1/2 broccoli, in roosjes
- 800 g tomatenblokjes uit blik
- 1 takje rozemarijn

1 Roer de bouillonblokjes door het kokende water. Voeg alles tot de tomaten toe.

2 Doe de tomaten erbij.

3 Voeg de rozemarijn toe en breng de soep op smaak met peper en zout.

4 Zet het vuur middelhoog en kook de soep 30 minuten, tot alle groenten gaar zijn.

5 Je kunt de soep pureren met een staafmixer of hem serveren als rijk gevulde soep met een stuk brood.

6 Strooi er nog wat versgemalen zwarte peper over en serveer.

Extra's: doe er alle groenten in die je lekker vindt; je kunt ook kruiden als basilicum of peterselie toevoegen.
Serveertip: ik maal er alleen nog flink wat zwarte peper over, verder niks.
Restjes: er blijft bijna altijd wat over van soep. Dek af en bewaar hem maximaal 3 dagen in de koelkast. Breng hem kort tegen de kook aan om hem op te warmen.

TIFFS GEZONDE MINESTRONESOEP

VOOR 2-4 PERSONEN

Ik ben gek op minestronesoep: ik hou van gevulde soepen, en dit is de koning onder dat type soepen. Door de pasta wordt het een echte maaltijdsoep en de tomaten zorgen voor een zoete smaak. Maak een grote pan vol en laat iedereen zelf opscheppen. Doe er geraspte kaas op.

JE HEBT NODIG:

- 2 el olijfolie
- 200 g spekblokjes
- 1 rode ui, fijngesnipperd
- 2 tenen knoflook, geperst
- 2 blokjes kippen- of groentebouillon
- 450 ml kokend water
- 2 wortels, geschrapt en gehakt
- 800 g tomatenblokjes uit blik
- 200 g gedroogde pastaschelpjes

1 Verhit de olijfolie in een diepe koekenpan. Bak spek, ui en knoflook 4-5 minuten, tot het spek begint te verkleuren.

2 Roer intussen de bouillonblokjes door het kokende water.

3 Doe de wortels, tomaten en bouillon in de koekenpan.

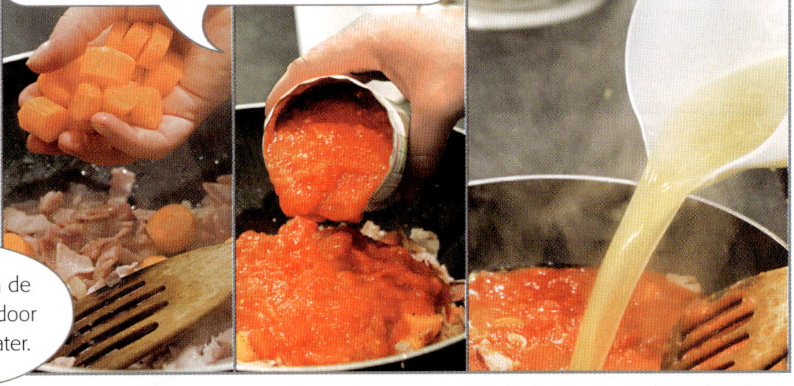

4 Breng de soep aan de kook en laat alles 15 minuten koken op middelhoog vuur, tot alle groenten gaar zijn. Breng op smaak met peper en zout.

5 Voeg de pasta toe en kook deze 10 minuten mee, tot hij gaar is.

Serveer direct.

Extra's: je kunt hier ook fijngehakte rozemarijn aan toevoegen, of een glas rode wijn.
Serveertip: eet de soep met brood en strooi er wat geraspte kaas over.
Restjes: je kunt de soep 3 dagen bewaren in de koelkast. Breng de soep tegen de kook aan en serveer hem gloeiend heet.

HOE MAAK JE NOEDELS? VOOR 2-4 PERSONEN

Noedels zijn geweldig bij allerlei oosterse gerechten, zoals een lekkere curry of roerbakschotel. Ze smaken ook heerlijk in salades en soepen. Hoe je ze kookt, hangt af van de soort. Rijstvermicelli doe je in een kom en dan schenk je er kokend water op; eiernoedels moeten meestal gekookt worden. Niet moeilijk in elk geval.

EIERNOEDELS

JE HEBT NODIG:

350 g eiernoedels

1 Breng een pan water aan de kook en doe de noedels erin. Kook ze 4 minuten.

2 Giet ze af en serveer ze of roer ze door een roerbakschotel (zie hiernaast).

RIJSTVERMICELLI

JE HEBT NODIG:

225 g rijstvermicelli

1 Doe de noedels in een kom en schenk er kokend water op.

2 Laat ze 5 minuten staan, tot ze zacht zijn. Giet af en serveer, of roer ze door een roerbakschotel (zie hiernaast).

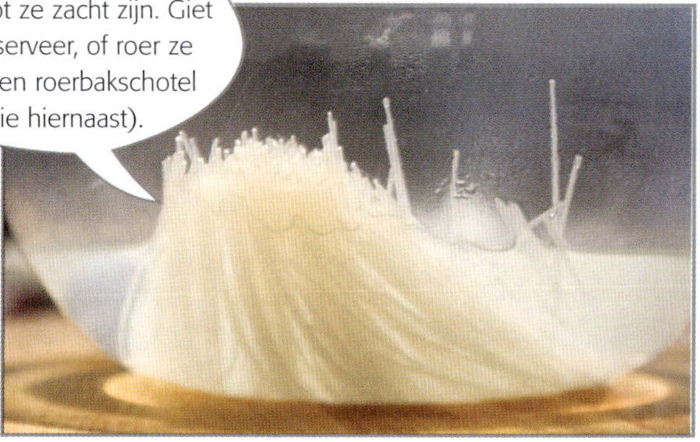

NOEDELS MET RUNDVLEES VOOR 2-4 PERSONEN

Als je naar een Chinees restaurant gaat, vind je ongetwijfeld een aantal 'chow mein'-gerechten op de kaart. Dit is een algemene term voor een Chinees gerecht met noedels. Je kunt kip, groenten of zelfs garnalen gebruiken in plaats van rundvlees.

JE HEBT NODIG:

- 225 g rijst- of eiernoedels
- 2 el olijfolie
- 2 rode Spaanse pepers, zaad verwijderd, fijngehakt
- 2 el verse gember, fijngehakt
- 2 tenen knoflook, geperst
- 1 groene paprika, fijngehakt
- 3 biefstukken, in reepjes
- sap van 2 limoenen
- 3 el sojasaus
- 1 tl honing

2 Verhit intussen de olie in een koekenpan, voeg de Spaanse peper, gember, knoflook en paprika toe en roerbak ze 4 minuten.

3 Voeg biefstuk, limoensap en sojasaus toe. Bak het vlees enkele minuten.

5 Roer goed en voeg de honing toe. Proef en doe er indien nodig wat meer sojasaus bij.

Extra's: je kunt ook teriyakisaus nemen in plaats van sojasaus, en desgewenst meer groente toevoegen.
Serveertip: serveer het gerecht in een grote kom met een limoenpartje en eet het met stokjes.
Restjes: je kunt dit gerecht afgedekt 2 dagen bewaren in de koelkast. Om op te warmen roerbak je het in een wok of koekenpan tot het heet is.

GARNALEN-KOKOS-SCHOTEL VOOR 2-4 PERSONEN

Ik houd wel van een pittige roerbakschotel – geweldig als er wat vrienden komen. Je kunt in de supermarkt gekookte garnalen vinden en je hoeft ze er tegen het einde alleen maar in te doen. Serveer er wat noedels bij en klaar is Kees.

JE HEBT NODIG:

2 el olijfolie
stukje verse gember van 1 cm, geschild en fijngehakt
3 tenen knoflook, geperst
3 lente-uitjes, gehakt
1 groene Spaanse peper, gehakt
4 el kokosmelk
275 g gekookte garnalen
1 el verse koriander, gehakt

1 Verhit de olie in een koekenpan en voeg de gember, knoflook, lente-uitjes en Spaanse peper toe.

2 Bak ze 2 minuten onder voortdurend roeren. Als het goed is komen er nu heerlijke geuren vrij.

3 Voeg de kokosmelk toe en roer 3 minuten tot hij goed heet is.

4 Schep vlak voor het serveren de garnalen erdoor.

Extra's: soms meng ik wat gehakte cashewnoten of pinda's door dit gerecht.
Serveertip: eet hier die overheerlijke Kokosnoedels (zie hiernaast) bij.
Restjes: helaas kun je dit gerecht niet bewaren vanwege de garnalen. Opeten dus!

5 Bestrooi met de koriander en serveer.

KOKOSNOEDELS

VOOR 2-4 PERSONEN

JE HEBT NODIG:

850 ml kokosmelk
350 g eiernoedels

Ik vind deze manier van noedels bereiden fantastisch. Door ze in kokosmelk te koken krijgen ze een heerlijke smaak.

1 Schenk de kokosmelk in een pan en breng hem aan de kook.

2 Voeg de noedels toe en kook ze 4 minuten. Zet het vuur uit en laat ze nog 5 minuten trekken in de pan.

Extra's: je kunt wat plakjes verse gember in de kokosmelk doen voor nog meer smaak.
Serveertip: ik zou deze noedels serveren bij een roerbakschotel met garnalen en kokos (zoals hiernaast).
Restjes: je kunt de kokosmelk waarin je de noedels hebt gekookt, gebruiken voor een curry of roerbakschotel. Je kunt de melk afgedekt nog 2 dagen bewaren in de koelkast.

5 MANNEN-VOER

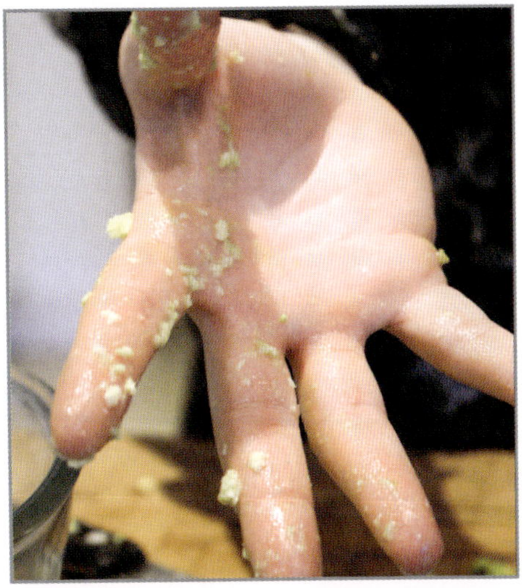

Dit is misschien wel mijn favoriete hoofdstuk. Een echte studentenklassieker waar ik dol op ben: een Mexicaans feest met taco's en fajita's. Het is gezellig en ideaal voor een vrijdagavond en uiteraard niet alleen voor mannen bedoeld. Zorg voor tequila en je hebt de beste vrijdagavond van je leven. Voor de kater van de volgende dag zijn er de Zelfgemaakte hamburgers die je vol kunt stoppen met sla en kaas. De Zaterdagse steaksandwich is de favoriete maaltijd van de jongens bij een voetbalwedstrijd en de Superhete lamscurry laat zien wie er echt ballen heeft. Tot slot vind je hier ook klassiekers als worst met aardappelpuree en verschillende manieren om gepofte aardappels te maken. Aan de slag!

HOE MAAK JE GEPOFTE AARDAPPELS? VOOR 2 PERSONEN

Een gepofte aardappel is geweldig als avondeten en je kunt er allerlei spannende vullingen in doen. Ik houd zelf erg van ham en kaas: je schept het binnenste eruit, mengt dat met ham en kaas, schept het terug en legt de aardappel onder de grill om te bruinen. Heerlijk! Een gepofte aardappel maken is heel simpel, maar een van mijn huisgenoten – ik zal geen namen noemen – had geen idee hoe je het moet doen. Zó dus!

JE HEBT NODIG:

2 grote aardappels

1 el plantaardige olie

1 Verwarm de oven voor op 200 °C. Prik de schil enkele malen in met een satéprikker.

2 Wrijf de olie over de aardappels en wrijf er wat zout over.

3 Pof de aardappels 1 uur in de oven, tot ze krokant zijn. Controleer of ze gaar zijn door er een prikker of vork in te steken: het kruim moet lekker zacht zijn.

Extra's: als je liever niet zo'n krokante schil hebt, wikkel de aardappels dan in aluminiumfolie. De binnenkant wordt dan lekker zacht, maar de buitenkant is niet zo knapperig. Zelf ga ik wel voor knapperig.

Restjes: je kunt gepofte aardappels 3 dagen bewaren in de koelkast. Om ze weer op te warmen verwarm je de oven voor op 150 °C en leg je de aardappels er 15 minuten in.

HAM EN KAAS IN GEPOFTE AARD-APPELS

VOOR 4 PERSONEN

)it is een geweldige manier om restjes ham en kaas op te maken. Je naakt echt een verrukkelijke vulling door het kruim van de aardappel te nengen met van alles en het dan terug te doen.

JE HEBT NODIG:

- 4 grote aardappels
- 2 el olijfolie
- 100 g boter
- 200 g ham, fijngehakt
- 250 g belegen kaas, geraspt, plus wat extra voor bovenop

1 Verwarm de oven voor op 200 °C. Pof de aardappels zoals hiernaast beschreven staat. Laat ze 5 minuten afkoelen.

2 Snijd de aardappels doormidden en schep voorzichtig het kruim eruit (laat de schil intact). Doe het kruim in een kom.

3 Meng de boter, ham en kaas door het kruim en breng het mengsel op smaak met peper en zout. De vulling moet lekker romig zijn.

4 Schep de vulling terug in de aardappelschillen en doe er wat extra kaas op.

Als je geen grill hebt, verwarm je de oven op 150 °C en bak je de aardappels hierin.

5 Leg ze 3-4 minuten onder een hete grill, tot de kaas goudbruin is.

Extra's: enkele tenen knoflook uit de pers of wat fijngehakte kruiden – denk bijvoorbeeld aan 2 eetlepels rozemarijn – zijn heerlijk door de vulling.
Serveertip: eet er een knapperige groene salade bij.
Restjes: je kunt restjes 3 dagen in de koelkast bewaren. Verwarm de oven voor op 150 °C en leg de aardappels er 15 minuten in, tot ze weer heet zijn.

KLASSIEKER: GEPOFTE AARDAPPEL MET BONEN EN KAAS VOOR 4 PERSONEN

JE HEBT NODIG:

4 grote aardappels
2 el plantaardige olie
900 g witte bonen in tomatensaus (2 blikken)
100 g boter
200 g belegen kaas, geraspt

Ook dit is een lekkere vulling voor een gepofte aardappel. Warme witte bonen en verrukkelijk smeltende kaas – hemels!

1 Verwarm de oven voor op 200 °C en Pof de aardappels (zie blz. 74).

2 Doe intussen de bonen in een pan en verwarm ze onder voortdurend roeren op een hoog vuur tot ze heet zijn. Dit duurt ca. 5 minuten.

3 Snijd ze bijna door en doe de boter erin.

4 Schep de bonen erin en bestrooi het geheel met geraspte kaas. Direct opeten!

Extra's: wat mij betreft hoeft er verder niets bij. Mijn vriendin Bex adviseert echter om hüttenkäse te gebruiken in plaats van belegen kaas. Reken 1-2 eetlepels per aardappel.
Serveertip: eet dit met een lekker koel biertje erbij.
Restjes: laat NOOIT open blikken in de koelkast staan; doe de inhoud altijd in een bakje, dek af met plasticfolie en bewaar in de koelkast. Je kunt overgebleven (onverwarmde) witte bonen op die manier 3-4 dagen bewaren. Niet tweemaal verwarmen!

ZATERDAGSE STEAKSANDWICH

VOOR 2-4 PERSONEN

Voetbal op tv en het bier vloeit rijkelijk. Wat heb je dan nodig? Een steaksandwich met veel mosterd en ketchup. Ook geschikt voor de wedstrijden op zondag – misschien met wat minder bier.

JE HEBT NODIG:

- 4 miniciabatta's
- 2 el olijfolie
- 2 tenen knoflook, gehalveerd
- 1 el plantaardige olie
- 4 biefstukken of minutesteaks
- 4 tl mosterd
- 4 tomaten, in plakjes
- 100 g sla of rucola

Zet de grill op de hoogste stand of verwarm de oven voor op 150 °C.

1 Snijd de broodjes open, besprenkel ze met olijfolie en wrijf ze in met de knoflookhelften.

2 Leg ze 5-6 minuten onder de grill om ze knapperig te maken; draai ze halverwege om. Houd ze apart.

3 Verhit de olie in een koekenpan, leg de biefstukken erin en bak ze 1-2 minuten aan weerszijden op hoog vuur.

4 Bestrijk elk broodje met 1 theelepel mosterd. Leg de plakjes tomaat en dan het vlees, eventueel ook in plakjes gesneden, erop.

5 Leg de sla erop, doe de broodjes dicht en eet ze direct op.

Extra's: het is jouw broodje, doe er dus rustig ketchup op als je dat lekker vindt of laat de mosterd weg. Dit is gewoon mijn idee van een steaksandwich, maar je kunt het recept natuurlijk naar wens aanpassen!
Serveertip: geef er wat patat en een lekker biertje bij.
Restjes: ik geef je geen bewaartips, want je moet ze gewoon allemaal opeten – vooral de mannen!

MEXICAANS FEESTJE

VOOR 2-4 PERSONEN

Dit is de beste en leukste maaltijd om te maken op een vrijdagavond voordat je gaat stappen. Lekkere fajita's, guacamole en taco's en misschien Mexicaanse drinkspelletjes. Pas wel op, want zodra je de sombrero's opzet, komt de tequila tevoorschijn en kom je nooit meer in de stad. Mexicaans eten bestaat uit fajita's, nacho's, quesadilla's, guacamole en nog veel meer. Je kunt tegenwoordig in de supermarkt dozen kopen met van alles erin, maar als je alles zelf maakt, smaakt het veel beter en kun je grotere porties voor minder geld maken.

GUACAMOLE

JE HEBT NODIG:

- 2 rijpe avocado's, in plakjes
- 1 rode Spaanse peper, zaad verwijderd, fijngehakt
- 3 tenen knoflook, geperst
- sap van 1 limoen
- 5 el olijfolie

1 Meng alle ingrediënten in een kom.

2 Prak de avocado's met een vork en breng het geheel op smaak met peper en zout.

Serveertip: je kunt deze dipsaus tijdens een Mexicaans feestje serveren bij fajita's en nacho's. Guacamole smaakt ook lekker bij hamburgers (blz. 84-85), rauwkost (blz. 61) en chips. **Restjes:** avocado's gaan een reactie aan met zuurstof en worden erg snel bruin. Maak de guacamole daarom pas vlak voor het aan tafel gaan en eet hem snel op; of dek af met plasticfolie direct op de guacamole, zodat er geen luchtbellen onder zitten. Zo kun je hem hooguit 1 uur bewaren in de koelkast.

PITTIGE MEXICAAN-SE TOMATENSALSA

1 Doe alle ingrediënten in een kom en meng ze goed. Breng het geheel op smaak met peper en zout.

JE HEBT NODIG:

- 2 tomaten, zaad verwijderd, fijngehakt
- 1 rode Spaanse peper, zaad verwijderd, fijngehakt
- $^{1}/_{2}$ rode ui, fijngesnipperd
- 1 el verse koriander, gehakt
- 2 el olijfolie

Extra's: voor meer pit, kun je 2 druppels tabasco toevoegen. **Restjes:** bewaar de salsa maximaal 2 dagen afgedekt in de koelkast.

PIKANTE TACO'S

VOOR 2-4 PERSONEN

Voor een echt een Mexicaans feestje. Doe er wat topping bij en je bent klaar.

JE HEBT NODIG:

- 200 g tacobakjes/-schelpen of tortillachips
- 3 el pittige Mexicaanse tomatensalsa (zie boven)
- 2 el zure room
- 2 el guacamole (zie hiernaast)
- 3 el geraspte kaas

Verwarm de oven voor op 180 °C.

1 Leg de tacobakjes op een bakplaat. Schep de salsa, zure room en guacamole erop en strooi de kaas erover.

2 Schuif de bakjes 5-10 minuten in de oven, tot de kaas smelt. Je kunt ze ook onder de grill zetten.

QUESADILLA'S

VOOR 2-4 PERSONEN

Mexicanen eten dit als een boterham en ik ben een megafan. Het Spaanse woord betekent zoiets als 'klein kaasding', en die kaas maakt ze zo lekker. Je gebruikt dezelfde tortilla's als voor een fajita, dus houd er een paar apart als je die ook maakt. Je kunt quesadilla's in kleine driehoekjes snijden als partyhapje.

JE HEBT NODIG:

- 4 tortilla's
- 4 el guacamole (zie blz. 78)
- 4 el zure room
- 4 el pittige Mexicaanse tomatensalsa (zie blz. 79)
- 250 g belegen kaas, geraspt

1 Bestrijk 2 tortilla's met guacamole, zure room en salsa en bestrooi ze met de kaas.

2 Leg de andere tortilla's erbovenop. Je hebt nu twee pannenkoekachtige boterhammen oftewel quesadilla's.

3 Verhit een koekenpan op laag vuur. Verhit de quesadilla's om beurten 3-4 minuten in de pan, tot ze bruin zijn. Draai ze om en verhit de andere kant.

4 Snijd de quesadilla's in driehoekjes en serveer ze heet.

Extra's: je kunt ze nog pittiger maken door er wat Spaanse pepers of jalapeño's aan toe te voegen. Je kunt er ook wat gare kip of biefstuk op doen, al bewaar ik het vlees liever voor de fajita's (zie hiernaast).
Serveertip: eet ze als onderdeel van een Mexicaanse maaltijd met taco's en fajita's. Als je zin hebt in een lichte snack, dan zijn deze driehoekjes ook ideaal: eet ze bij een drankje voor je uitgaat of serveer ze als er vrienden komen borrelen.
Restjes: quesadilla's worden klef in de koelkast, dus eet ze maar gewoon allemaal op.

FAJITA'S VOOR 2-4 PERSONEN

Dit is in feite een Mexicaanse wrap met rundvlees, heel veel saus en wat kaas. Serveer de fajita's heet met Mexicaans bier en je hebt een geweldige avond!

JE HEBT NODIG:

- 1 el plantaardige olie
- 2 tenen knoflook, geperst
- 4 dunne bieflapjes, in reepjes
- 4 tortilla's
- 4 el pittige Mexicaanse tomatensalsa (zie blz. 79)
- 4 el zure room
- 4 el guacamole (zie blz. 78)
- 4 handenvol ijsbergsla, gesneden
- 250 g belegen kaas, geraspt

1 Verhit de olie in een koekenpan en voeg de knoflook en reepjes vlees toe. Bak ze 3-4 minuten op hoog vuur. Het vlees mag nog een beetje roze zijn vanbinnen.

2 Haal de pan van het vuur en laat hem zo staan terwijl je de fajita's samenstelt.

3 Neem een tortilla en schep er 1 eetlepel salsa en vervolgens zure room en guacamole op. Leg er een paar reepjes rundvlees en sla op en strooi er wat kaas over.

4 Rol de wrap op en doe hetzelfde met de overige tortilla's. Smullen maar!

Extra's: neem ook eens kip in plaats van rundvlees. Je kunt er een beetje Spaanse peper aan toevoegen voor een pikantere versie.

Serveertip: serveer de fajita's met een aantal andere Mexicaanse gerechten, zoals Pikante taco's (blz. 79) en Quesadilla's (zie hiernaast). Drink er lekker Mexicaans bier bij, zet een sombrero op je hoofd en maak het geheel af met wat tequila.

Restjes: gooi eventuele restjes maar weg.

AARDAPPELPUREE MET WORST

VOOR 2-4 PERSONEN

Toen ik begon met studeren, gebruikte ik de term 'pureeparty' voor de combi aardappelpuree en uitgaan. Ik at namelijk samen met wat vrienden heel vaak puree op vrijdagavond, voor we gingen stappen. Je kunt er gewoon slagroom, een scheutje melk en peper en zout aan toevoegen, maar ook mosterd, pesto, knoflook, erwtjes, abrikozen, rozemarijn of kaas.

JE HEBT NODIG:

- 10 grote aardappels, in grove stukken
- 1 el plantaardige olie
- 8 braadworsten
- 100 g boter
- 150 ml slagroom
- 15 ml melk

1 Doe de aardappels in een grote pan water en kook ze 15 minuten.

2 Verhit intussen de olie in een koekenpan en doe de worsten erin. Bak ze 15-20 minuten op middelhoog vuur, tot ze mooi bruin zijn.

3 Giet de aardappels af en pureer ze tot er geen klontjes meer in zitten. Voeg de boter toe, roer goed en schenk de room en melk erbij.

4 Breng de puree op smaak met peper en zout en serveer de worst erbij.

Serveertip: een bord vol puree, worst en een flinke scheut ketchup en mosterd.
Restjes: afgekoelde gare worst kan 3 dagen bewaard worden in de koelkast en smaakt koud prima. Je kunt ze ook 5 minuten opbakken in een koekenpan.

AARDAPPELPUREE VARIATIES VOOR 2-4 PERSONEN

Je kunt dus allerlei ingrediënten aan puree toevoegen. Hier volgen enkele van mijn favorieten.

Met mosterd
Volg het recept hiernaast en voeg samen met de room en melk 3 eetlepels mosterd toe.

Met doperwtjes
Dit is een Iers recept. Heerlijk als bijgerecht of op zich.

1 Breng een kleine pan water aan de kook en doe er 300 g diepvries-erwten in. Kook ze 5 minuten. Giet ze af en doe de erwten samen met de room en melk bij de aardappels.

Met pesto
Voeg samen met de boter 3 eetlepels pesto (zie blz. 65) toe en laat de room en melk weg.

Met kaas
Voeg samen met de room en melk 100 g geraspte kaas toe.

Met knoflook
Voeg samen met de room en melk 3 geperste tenen knoflook toe.

Extra's: voeg samen met de room en melk 2 eetlepels fijngehakte rozemarijn en/of 2 geperste tenen knoflook aan de aardappelpuree toe.

ZELFGEMAAKTE HAMBURGERS MET FRITES

VOOR 4 BURGERS

JE HEBT NODIG:

- 5 grote aardappels
- 4 el olijfolie
- 500 g rundergehakt
- ½ rode ui, fijngesnipperd
- 3 tenen knoflook, geperst
- 1 rode Spaanse peper, zaad verwijderd, fijngehakt
- 2 el peterselie, fijngehakt
- 8 plakken kaas
- 4 hamburgerbroodjes
- 1 krop ijsbergsla
- 1 tomaat, in plakken

Verwarm de oven voor op 200 °C.

1 Snijd elke aardappel in 4-6 partjes. Leg ze op een bakplaat, besprenkel ze met de helft van de olie en bestrooi ze met zout.

2 Bak ze 20-30 minuten, tot ze goudbruin en zacht zijn.

3 Meng intussen het gehakt met de ui, knoflook, Spaanse peper, peterselie en 1 eetlepel olijfolie. Verdeel het mengsel in vieren en vorm er burgers van 2,5 cm dik van.

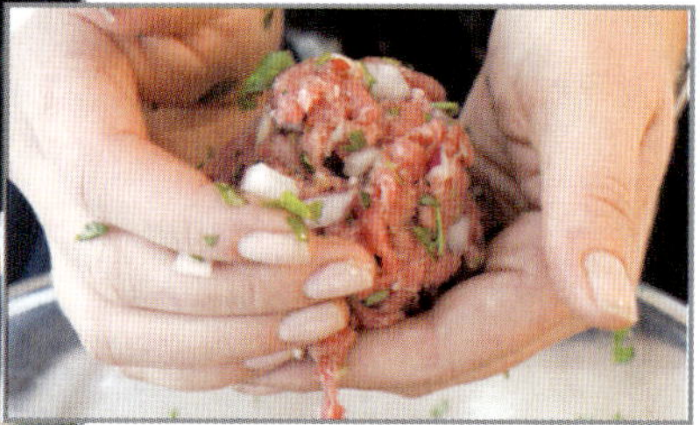

4 Verhit de resterende olie in een koekenpan en leg de burgers erin. Bak ze 5 minuten op middelhoog vuur. Draai ze om en bak ze nog 5 minuten. De burgers moeten bruin en gaar zijn, zonder een spoortje roze vanbinnen. Na 10-12 minuten zijn ze klaar.

5 Leg, vlak voor ze klaar zijn, op elke hamburger 2 plakken kaas.

6 Snijd de broodjes open en leg er wat sla en een burger op. Maak af met een plakje tomaat en een scheut ketchup of mayo.

Serveer met de frites – jammie!

Extra's: druk een blokje kaas – bijvoorbeeld belegen Goudse of blauwschimmelkaas – in de rauwe hamburgers en druk ze weer mooi dicht. Als je er dan na het bakken in bijt, komt er heerlijke gesmolten kaas uit je burger. Je kunt de plakken kaas ook 2 minuten voor de burgers klaar zijn erop leggen en ze laten smelten over het gehakt. In de zomer kun je zongedroogde tomaatjes aan het gehaktmengsel toevoegen.

Serveertips: ik eet mijn hamburger het liefste in een broodje met ketchup, kaas, sla, tomaat en een flinke schep mayo. Guacamole (blz. 78) is ook lekker, net als gebakken spek en gebakken uien. De keus is aan jou.

Restjes: bewaar het rauwe gehaktmengsel maximaal 1 dag in de koelkast en bak er dan burgers van. Als je gehakt overhebt, maar geen hamburgers meer wilt bakken, kun je er ook kleine balletjes van draaien. Kook deze en serveer ze met spaghetti en Tomaten-knoflooksaus (blz. 27).

SUPERHETE LAMS-CURRY VOOR 4 PERSONEN

Hoeveel lef heb jij? Deze curry is erg heet: als je hem wat milder wilt maken, laat je de chilivlokken weg en gebruik je in plaats daarvan wat milde groene chilipepers.

JE HEBT NODIG:

- 1 kg lamsvlees, in blokjes
- 4 el yoghurt, plus wat extra voor erbij
- 1 tl kurkuma
- 1 tl gemalen komijn
- 2 el plantaardige olie
- 1 ui, in ringen
- 3 tenen knoflook, fijngehakt
- stukje verse gember van 2 cm, geschild en fijngehakt
- 6 kleine groene (Thaise) chilipepers
- 1-2 tl gedroogde chilivlokken
- 400 ml kokend water
- 2 blokjes kippenbouillon
- grote handvol verse spinazie
- 4 el gehakte verse koriander

1 Meng het vlees met de yoghurt, kurkuma en komijn. Laat het 1 uur marineren in de koelkast.

2 Verhit de olie in een grote pan en fruit de ui, knoflook en gember.

3 Voeg de chilipepers en -vlokken toe en roer ze er goed door.

4 Voeg het gemarineerde vlees toe, roer weer en breng op smaak met peper en zout.

5 Meng het kokende water met de bouillonblokjes en schenk dit over het vlees. Laat het geheel 35 minuten zachtjes koken, tot het lamsvlees gaar is.

6 Voeg de spinazie toe en kook alles nog 5 minuten.

7 Serveer superheet met koriander en een schep verkoelende yoghurt.

Extra's: je kunt gerust kokosmelk gebruiken in plaats van bouillon. Rode chilipepers zijn ook prima en geven het gerecht nog wat extra kleur.
Serveertip: serveer de curry met Basmatirijst met koriander (blz. 125), wat naanbrood en mangochutney.
Restjes: je kunt de curry de volgende dag opwarmen door hem langzaam aan de kook te brengen op laag vuur. In de vriezer kun je hem tot 2 maanden bewaren.

6 TIFFS DINSDAG

Wat zijn Tiffs dinsdagen? Het begon tijdens mijn tweede studiejaar, toen ik op een dinsdagavond een aantal vrienden te eten kreeg. Ze vroegen naderhand of dat niet wekelijks kon: dat ze op dinsdag bij mij kwamen en ik kookte. Ik vond het prima, maar vroeg met het oog op mijn bankrekening of ze dan allemaal 5 euro per maaltijd wilden betalen. Iedereen ging akkoord en de deal was gesloten – Tiffs dinsdagen waren geboren.

In dit hoofdstuk staan wat recepten voor je eigen betaalbare doordeweekse feestje. Voel je niet bezwaard om een bijdrage te vragen: dat hoort er gewoon bij. Door jouw kookkunsten worden de dinsdagen beter dan ooit tevoren!

HOE MAAK JE PIZZA?

Op een dinsdagavond belden een paar vrienden me op met de mededeling dat ze geen geld meer hadden omdat de maand bijna voorbij was. Ik keek even snel in mijn voorraadkast om te zien wat ik allemaal in huis had. Ik vond een blik tomaten, een ui en wat kaas in de koelkast en zag meteen een pizza voor me. Het geheim van een goede pizza is een superhete oven, zodat je pizza lekker krokant wordt. Je koopt heel simpel een pizzabodem en dan maak je je eigen toppings en natuurlijk een heerlijke tomatensaus.

BASISTOMATEN-SAUS VOOR PIZZA

GENOEG VOOR 4 PIZZA'S

JE HEBT NODIG:

- 50 g boter
- 1/2 ui, fijngesnipperd
- 2 tenen knoflook, fijngehakt en geplet
- 600 g tomaten uit blik
- 1 tl suiker
- 1 tl gedroogde oregano

1 Smelt de boter in een pan.

2 Voeg de ui en knoflook toe en fruit ze 3-4 minuten op middelhoog vuur, tot ze zacht zijn.

3 Voeg de tomaten en suiker toe. Breng op smaak met peper, zout en oregano.

4 Laat de saus 30 minuten zachtjes sudderen, zodat alle smaken lekker intens worden. Houd hem apart tot je de pizza gaat samenstellen.

Extra's: ik gebruik vaak rode uien in plaats van gewone, omdat ik ze lekkerder van smaak vind. Je kunt verder 1 theelepel tomatenpuree toevoegen, voor een veel geconcentreerdere tomatensmaak. Je mag er ook rustig wat verse tomaten aan toevoegen; denk aan 4-6 gehalveerde kleine tomaten.

Serveertip: deze saus is heerlijk als basis voor je pizzatopping. Voeg een beetje mozzarella en wat vers basilicum toe en je hebt de perfecte Italiaanse pizza.

Restjes: je kunt de saus tot 3 dagen in de koelkast bewaren in een afgesloten bakje. Breng hem daarna langzaam aan de kook.

PIZZA MARGARITA

VOOR 4 PERSONEN

Deze pizza is heel eenvoudig en bevat alleen tomaten en kaas. Het geheim zit hem in de hoeveelheid kaas, zodat je bij de eerste de beste hap overal gesmolten kaasslierten hebt hangen. Als je niet voldoende ruimte op de bakplaat hebt, kun je ook een omgekeerde bakvorm op een rooster zetten als ondergrond.

JE HEBT NODIG:

- 4 pizzabodems
- 8 el basistomatensaus voor pizza (zie hiernaast)
- 350 g mozzarella, in dunne plakken
- 500 g belegen kaas, geraspt
- 4 tl gedroogde oregano (naar keuze)

Verwarm de oven voor op 200 °C.

1 Leg de pizzabodems op bakplaten en bestrijk ze met 2 eetlepels van de heerlijke tomatensaus.

2 Leg 3-4 plakken mozzarella op elke pizza.

3 Strooi er geraspte kaas over en breng het geheel op smaak met peper en zout en eventueel wat oregano.

4 Bak de pizza's 15-20 minuten in de hete oven.

De bodem moet goudbruin en krokant zijn, en ook de kaas mag knapperig zijn.

Extra's: de lijst extra's is eindeloos! Je kunt wat ham toevoegen, of salami, champignons, zwarte olijven, paprika, ansjovis...
Serveertip: haal de pizza's uit de oven, besprenkel ze met wat olijfolie en strooi er eventueel wat vers basilicum over voor extra kleur en smaak.
Restjes: ik haat opgewarmde pizza, omdat hij dan helemaal klef wordt, maar hij smaakt koud wel prima. Bewaar hem in de koelkast en eet hem de volgende dag als lunch.

MIJN PERFECTE PIZZA VOOR 4 PERSONEN

Dit is mijn favoriete pizzatopping. Ik ben gek op ansjovis, maar ik weet dat dat niet voor iedereen geldt. Ik heb de ansjovisfilets dus weggelaten, maar als jij er ook van houdt, moet je er zeker 2-3 op leggen.

JE HEBT NODIG:

- 4 pizzabodems
- 8 el basistomatensaus voor pizza (zie blz. 90)
- 250 g champignons, in plakjes
- 250 g ham, in plakjes
- 350 g mozzarella, in dunne plakken
- 500 g belegen kaas, geraspt
- 4 tl gedroogde oregano (naar keuze)

Verwarm de oven voor op 200 °C.

1 Leg de pizzabodems op bakplaten en bestrijk ze met 2 eetlepels tomatensaus.

2 Leg de champignons, ham, mozzarella en kaas erop en bestrooi het geheel eventueel met oregano.

3 Schuif de pizza's 15-20 minuten in de hete oven, tot ze goudbruin en heet zijn.

Extra's: ansjovis smaakt hier perfect bij, net als zwarte olijven. Parma- of serranoham in plaats van gewone ham is lekker, maar dan wordt de maaltijd wel wat duurder.

Serveertip: heerlijk met een scheutje chiliolie erover. Die kun je zelf maken door wat olie in een pot te doen samen met 3-4 rode Spaanse pepers. Laat het geheel een maand trekken. Ook lekker met een handvol rucola erover.

PIKANTE PIZZA

VOOR 4 PERSONEN

Ik weet uit ervaring dat vooral mannen dol zijn op pikante pizza's. Dit is dan ook een geweldig recept voor je mannelijke studie- of huisgenoten. Eens zien hoeveel vuur ze aankunnen!

JE HEBT NODIG:

- 4 pizzabodems
- 8 el basistomatensaus voor pizza (zie blz. 90)
- 250 g hete peperoni (worst), in plakjes
- 12 rode of groene jalapeño's uit een pot, uitgelekt
- 500 g belegen kaas, geraspt
- 4 el chiliolie (naar keuze)

Verwarm de oven voor op 200 °C.

1 Leg de pizzabodems op bakplaten en bestrijk ze met 2 eetlepels tomatensaus.

2 Verdeel de peperoni en jalapeño's over de pizza's. Bestrooi met kaas en druppel eventueel de chiliolie erover.

3 Bak de pizza's in 15-20 minuten mooi goudbruin.

Extra's: hangt af van hoe ver je wilt gaan. Gooi er gerust nog meer jalapeño's op.
Serveertip: besprenkel de pizza's met wat extra chiliolie zodra ze uit de oven komen.

VEGETARISCHE PASTA VOOR 6 PERSONEN

Ik draag dit recept op aan mijn vriend Greg, een toegewijd vegetariër. Toen ik veel jonger was, kwam hij vaak eten en kon ik experimenteren met vegetarische recepten. Ik kan je dit gerecht echt aanbevelen, of je nu vegetariër bent of niet. Ik maakte het voor het eerst toen ik 16 was en het is altijd een succesnummer gebleven.

JE HEBT NODIG:

- 1 aubergine, grof gehakt
- 3 preien, in ringen
- 4 rode uien, in vieren
- 5-6 el olijfolie
- 3 rode paprika's, zaadlijsten verwijderd, grof gehakt
- 6 tomaten, in vieren
- 2 takjes rozemarijn, tijm of salie
- 1 kg penne
- 5 el peterselie, gehakt
- 3 tenen knoflook, geperst
- 100 g boter
- 500 g mascarpone

1 Doe de aubergine, preien en rode uien in een grote braadslee.

2 Besprenkel ze met 2 eetlepels olijfolie. Meng alles goed en rooster de groenten 15 minuten in de oven.

3 Voeg de paprika's, tomaten en kruidentakjes toe aan de halfgare groenten.

4 Meng alles goed, breng op smaak met peper en zout en voeg nog 1 eetlepel olijfolie toe als het er wat droog uitziet. Zet de braadslee nog 15 minuten in de oven.

5 Breng intussen een grote pan water aan de kook. Doe de pasta erin en kook deze volgens de aanwijzingen op de verpakking.

6 Meng de peterselie, 3 eetlepels olijfolie en de knoflook tot een pestoachtige saus.

7 Giet de pasta af en doe hem terug in de pan. Voeg de boter toe.

8 Haal de geroosterde groenten uit de oven en doe ze bij de pasta.

9 Roer de pestoachtige saus erdoor en meng alles goed.

10 Voeg zout en peper toe en roer de mascarpone erdoor. De romige knoflooksmaak combineert goed met geroosterde groenten.

Extra's: als je er toch graag wat vlees aan toe wilt voegen, denk dan aan gekookte kipreepjes of gebakken spekjes.
Serveertip: heerlijk met een groene salade van sla, lente-uitjes en avocado.
Restjes: de geroosterde groenten zijn afgedekt nog 3 dagen in de koelkast houdbaar. Je kunt ze koud verwerken in een salade, of als topping voor pizza gebruiken; verwarm ze dan 15 minuten in de oven, op 150 °C. Je kunt het gehele pastagerecht 3 dagen in een afgesloten bakje bewaren in de koelkast. Warm het in een pan op middelhoog vuur 5-8 minuten goed door. Roer er 1 theelepel olijfolie door.

LASAGNE VOOR 6 PERSONEN

Dit is zo'n typisch basisgerecht dat altijd lekker weer lekker is. De voorbereidingen bestaan uit drie fasen: de vleessaus, de kaassaus en het samenstellen. En dan is het tijd voor fase 4: het eten!

JE HEBT NODIG:

Vleessaus:

- 4 el olijfolie
- 1 ui, fijngesnipperd
- 1 rode Spaanse peper, zaad verwijderd, fijngehakt
- 4 tenen knoflook, geperst
- 1 kg mager rundergehakt
- 1 el tomatenpuree of ketchup
- 900 g tomaten uit blik
- 2 el boter, voor het invetten
- 1 doos lasagnevellen
- 150 g belegen kaas, geraspt

Kaassaus:

- 75 g boter
- 75 g bloem
- 850 ml melk
- 350 g belegen kaas, geraspt, plus extra voor de bovenlaag

Verwarm de oven voor op 200 °C.

1 Verhit de olie in een grote pan en fruit de ui, Spaanse peper en knoflook 5 minuten op middelhoog vuur, tot ze zacht zijn.

2 Voeg het gehakt toe en bak het al omscheppend in 3-4 minuten op hoog vuur bruin.

3 Voeg de tomatenpuree, tomaten en peper en zout toe en laat de saus minstens 1 uur zachtjes koken.

4 Maak intussen de kaassaus. Doe de boter en bloem in een pan en verwarm ze al roerend 1-2 minuten.

Dit heet een roux en maakt de saus dikker.

5 Klop geleidelijk de melk erdoor. Klontjes moeten steeds verdwijnen zodra de saus dikker wordt; blijf daarom roeren (4-5 minuten).

6 Breng op smaak met peper en zout en voeg de kaas toe. Roer tot de kaas gesmolten is.

7 Beboter een grote lasagneschaal.

Breek een lasagnevel in stukken om de gaten op te vullen; doe dat bij alle lagen.

8 Leg, afhankelijk van het formaat, circa 4 lasagnevellen op de bodem van de schaal.

9 Schep 3 eetlepels vleessaus over de pasta en daarna 3 eetlepels kaassaus.

10 Leg de volgende laag lasagnevellen erop en herhaal tot je 3-4 lagen lasagne hebt, afhankelijk van het formaat van je schaal.

11 Strooi de geraspte kaas erover.

12 Bak de lasagne 35-45 minuten in de oven, tot hij goudbruin is.

Super!

Extra's: je kunt de vleessaus vervangen door geroosterde groenten om een vegetarische lasagne te maken. Ga naar het recept voor Vegetarische pasta (blz. 94) om te zien hoe je ze moet klaarmaken. Voor extra smaak kun je $^1/_2$ theelepel nootmuskaat toevoegen aan de kaassaus.

Serveertip: serveer er een lekkere groene salade of wat knoflookbrood (blz. 99) bij.

Restjes: ongebakken kun je de lasagne 2 dagen in de koelkast bewaren; je kunt hem dus van tevoren maken. Eenmaal gebakken kun je hem 3 dagen in de koelkast bewaren. Warm hem in 15 minuten op in een op 150 °C voorverwarmde oven, tot hij goed heet is. Gebruik overgebleven saus voor Spaghetti bolognese (blz. 98) of Shepherd's pie (blz. 100-101). Overgebleven kaassaus kun je gebruiken voor de Bloemkool-kaasschotel (blz. 36-37) of Preischotel (blz. 115).

SPAGHETTI BOLOGNESE VOOR 6 PERSONEN

Mijn vader maakt de beste spaghetti bolognese ter wereld. Zijn geheim is de saus zo lang mogelijk te laten sudderen. Italianen laten hem wel 3-4 uur koken en de volgende dag smaakt hij nog beter. Dit pastagerecht is bij studenten altijd favoriet – ook bij mij.

JE HEBT NODIG:

- 4 el olijfolie
- 1 ui, gesnipperd
- 4 tenen knoflook, geperst
- 1 rode Spaanse peper, zaad verwijderd, fijngehakt
- 250 g champignons, in plakjes
- 1 kg mager rundergehakt
- 2 glazen rode wijn
- 1 el tomatenketchup
- 900 g tomaten uit blik
- 2 el gedroogde oregano (naar keuze)
- 500 g spaghetti
- handvol geraspte kaas

1 Verhit de olijfolie in een grote hapjespan en voeg de ui, knoflook en Spaanse peper toe. Fruit ze 5 minuten, tot ze zacht zijn.

2 Voeg de champignons en het gehakt toe. Breng op smaak met peper en zout. Bak het geheel 3-4 minuten op hoog vuur, tot het vlees vrij bruin is met hier en daar wat roze: het wordt dan niet zo droog.

3 Voeg de rode wijn en ketchup toe, roer goed en voeg de tomaten en naar wens de oregano toe.

4 Laat de saus zo lang mogelijk sudderen op een laag vuurtje: minstens $1\frac{1}{2}$ uur.

5 Breng een grote pan water aan de kook en doe de spaghetti erin. Roer tot alles onderstaat en kook de pasta circa 10 minuten (kijk op de verpakking). Giet de pasta af en serveer met de hete saus.

6 Strooi er wat kaas over.

Extra's: voeg eens spekreepjes aan de saus toe voor een lekkere vleessmaak. Je kunt bij de saus ook penne serveren: meng de gekookte penne met de saus en doe alles in een ovenschaal. Strooi er flink veel kaas over en bak het gerecht 15 minuten in een op 180 °C voorverwarmde oven, tot het bruin en heet is.
Serveertip: serveer met wat Knoflookbrood (zie hiernaast), een salade en een glas rode wijn.
Restjes: je kunt bolognesesaus uitstekend 3 dagen in de koelkast bewaren. Warm hem langzaam op in een pan. De saus is 3 maanden houdbaar in de vriezer; laat hem een nacht ontdooien in de koelkast en warm hem dan op in een pan.

KNOFLOOKBROOD

VOOR 6 PERSONEN

Knoflookbrood smaakt heerlijk bij lasagne of shepherd's pie.

JE HEBT NODIG:

400 g zachte boter
8 tenen knoflook, geperst
3 el peterselie
2 stokbroden

Verwarm de oven voor op 180 °C.

1 Meng de boter, knoflook en peterselie in een kom en breng op smaak met peper en zout.

2 Snijd de stokbroden op regelmatige afstand in, maar NIET helemaal tot onderaan.

3 Vul elke inkeping met 1 volle theelepel knoflookboter.

Als er wat over is, bestrijk de bovenkant van het stokbrood er dan mee.

4 Wikkel de broden in aluminiumfolie en leg ze 15-20 minuten in de oven.

Extra's: je kunt in plaats van peterselie ook rozemarijn of salie gebruiken.
Serveertip: dit brood smaakt verrukkelijk bij spaghetti of lasagne.
Restjes: niet geweldig; de broden worden behoorlijk klef als je ze opwarmt.

SHEPHERD'S PIE

VOOR 6 PERSONEN

Dit is een typisch Brits gerecht dat niet misstaat op een studentenmenu. Het is zó goddelijk op een koude winterdag, zeker met een scheut ketchup en lekkere doperwtjes erbij. In plaats van lamsvlees kun je ook rundvlees nemen.

JE HEBT NODIG:

- 4 el olijfolie
- 1 rode ui, gesnipperd
- 4 tenen knoflook, geperst
- 1 rode Spaanse peper, zaad verwijderd, fijngehakt
- 3 wortels, geschrapt en gehakt
- 1 kg mager lamsgehakt
- 3 el worcestersaus
- 2 glazen rode wijn
- 400 g tomaten uit blik
- 250 g belegen kaas, geraspt

Aardappellaag:

- 1,6 kg aardappels
- 100 g boter
- 200 ml melk

Verwarm de oven voor op 200 °C.

1 Verhit de olijfolie in een grote pan op middelhoog vuur en voeg de ui, knoflook, Spaanse peper en wortels toe. Fruit ze 4-5 minuten op middelhoog vuur, tot ze zacht zijn.

2 Draai het vuur iets hoger en voeg het gehakt toe.

3 Bak dit 3-4 minuten.

4 Voeg de worcestersaus, wijn en tomaten toe, en peper en zout.

5 Laat het geheel minstens 1 uur koken, liefst langer. De saus moet heel vleesachtig en smaakvol zijn.

6 Breng intussen een grote pan water aan de kook en doe de aardappels erin. Kook ze gaar in 15-20 minuten, afhankelijk van het formaat.

7 Giet ze af, pureer ze en voeg de boter, melk en peper en zout toe.

8 Schep de vleessaus in een grote ovenschaal.

9 Schep voorzichtig de aardappelpuree erop.

10 Bestrooi met peper en zout en dan met de geraspte kaas.

11 Zet de schaal op een bakplaat 30-40 minuten in de oven, tot alles goudbruin en heet is.

Extra's: je maakt de bovenlaag extra lekker met gruyère. Je kunt ook bleekselderij gebruiken in plaats van of samen met de wortels.
Serveertip: superlekker met doperwtjes, ketchup en een glas rode wijn.

VISTAART VOOR 6 PERSONEN

Ik ben dol op deze vistaart. Hij is romig, vullend en verrukkelijk. Er kan echt niets tegenop, ongeacht het seizoen. We boften echt dat we in Newcastle zaten, want dan ben je maar 20 minuten van de kust verwijderd en is alles, van kabeljauw tot oesters, voor heel weinig geld te koop. We hadden er ook een geweldige viswinkel. De vis was verser dan vers! Probeer een keer niet op het geld te letten en koop alleen de allerbeste, verse vis. Ga naar de markt of een visafslag, want daar is de beste vis te vinden.

JE HEBT NODIG:

- 200 g gekookte en gepelde garnalen
- 4 gerookte kabeljauwfilets, ontveld en in stukken
- 4 kabeljauw-, schelvis- of koolvisfilets, ontveld en in stukken
- 600 ml melk
- 300 ml slagroom
- 3 tenen knoflook, geplet
- 4 lente-uitjes, gehakt
- 3 eieren, hardgekookt en in plakjes (zie blz. 49)
- 4 el gehakte peterselie
- 250 g belegen kaas, geraspt

Aardappellaag:

- 1,6 kg aardappels, geschild en in stukken
- 100 g boter

1 Breng een grote pan water aan de kook en doe de aardappels erin. Kook ze 15-20 minuten.

2 Giet ze af en pureer ze, roer de boter erdoor, en peper en zout.

3 Doe de garnalen en visfilets in een grote pan met de melk, slagroom en knoflook. Kook alles 5-10 minuten op middelhoog vuur, tot de vis gaar is. Breng de saus op smaak met peper en zout.

4 Schep de vis met een schuimspaan uit de pan en doe alles in een ovenschaal.

5 Breng het melkmengsel langzaam aan de kook en laat het 3-4 minuten koken, tot het wat dikker wordt.

6 Strooi de lente-uitjes over de vis en schenk dan de saus erover.

Als het er te droog uitziet, kun je er wat melk of room bij doen.

7 Leg de plakjes ei erop, strooi de peterselie erover en breng op smaak met peper en zout.

8 Schep de aardappelpuree op de vis en strooi de kaas erover.

9 Zet de schaal 30-40 minuten in de oven, tot het gerecht heet en goudbruin is.

Extra's: kies de vis die jij lekker vindt. Kabeljauw is redelijk geprijsd en dat geldt ook voor schelvis, die een lekker rokerige smaak heeft. Zalm is ook helemaal goed.
Serveertip: lekker met doperwtjes, een fles witte wijn en heel veel vrienden.
Restjes: omdat er gekookte garnalen in dit gerecht verwerkt zijn, kun je het beter niet bewaren en weer opwarmen. Als je er geen garnalen in doet, kun je het 2 dagen bewaren in de koelkast.

THAISE VIS-KOEKJES VOOR 6 PERSONEN

Deze koekjes zijn vers, geurig en goedkoop. Ze zijn ook nog eens heel gemakkelijk te maken en geschikt voor een etentje met vrienden. Serveer ze met wat zoete chilisaus en een grote groene salade voor een eenvoudige, gezonde maaltijd. Zorg dat iedereen zijn eigen drank meebrengt en laat hen meebetalen aan het eten, zodat jij er niet op toe hoeft te leggen.

JE HEBT NODIG:

- 700 g kabeljauw-, schelvis- of zalmfilets, ontveld en in kleine stukken
- 3 lente-uitjes, fijngehakt
- 2 rode Spaanse pepers, zaad verwijderd, fijngehakt
- 3 tenen knoflook, gehakt en geplet
- stukje verse gember van 5 cm, geschild en fijngehakt
- 3-4 el verse koriander, fijngehakt
- 3 limoenen, gebruik het sap van 1 en de geraspte schil van allemaal
- 1 tl zoete chilisaus, plus ca. 200 ml voor erbij
- 2 el plantaardige olie

Hak alle ingrediënten fijn.

1 Meng de vis, lente-uitjes, Spaanse peper, knoflook, gember, koriander, limoen en chilisaus.

Als je een staafmixer hebt, kun je de ingrediënten nog beter mengen. Een grovere versie is echter ook goed.

2 Neem een eetlepel van het mengsel en vorm er met je handen een koekje van. Als het mengsel te droog is, kun je wat limoensap toevoegen en als het te nat is, doe je een schepje bloem op je handen voor je de koekjes vormt.

Je moet 12 viskoekjes kunnen maken.

3 Verhit de olie in een koekenpan en leg de viskoekjes erin. Misschien moet je ze in etappes bakken.

4 Bak ze 4-5 minuten aan weerszijden, tot ze goudbruin zijn. Serveer ze heet.

Serveertip: zoete chilisaus is een uitstekende dipsaus, maar je kunt ook sojasaus vermengd met wat honing gebruiken. Geweldig met een groene salade en gekookte aardappels.
Restjes: bak de viskoekjes direct nadat je ze gemaakt hebt of bewaar ze rauw in de koelkast en bak ze later op de dag.

TOSCAANSE KIP-SCHOTEL VOOR 6-8 PERSONEN

Ik maakte dit onlangs voor een etentje en het was zó op. Geweldig, zo'n recept waarbij je alles gewoon in een schaal doet en die dan in de oven zet, vooral als er mensen komen eten, want jij kunt je gewoon gaan optutten of de boel opruimen terwijl het eten in de oven staat.

JE HEBT NODIG:

- 4 kippendijen
- 4 kippenpoten
- 6 tenen knoflook, geplet
- 4 citroenen, in vieren
- 4 el olijfolie
- 1 glas witte wijn (naar keuze)
- blaadjes van 3 takjes rozemarijn
- 2 rode uien, gepeld en in vieren

Verwarm de oven voor op 180 °C.

1 Doe het kippenvlees en de knoflook in een grote ovenschaal.

2 Knijp de citroenen uit over de kip en stop de schillen dan tussen het vlees.

3 Schenk de olijfolie en eventueel de wijn erover.

4 Doe de rozemarijn en uien erbij.

Extra's: je kunt er allerlei groenten aan toevoegen – tomaten zijn lekker – en ook allerlei kruiden.
Serveertip: om in Italiaanse sferen te blijven, serveer ik dit graag met pesto (blz. 65), lekkere spaghetti en een salade. Net zo makkelijk.
Restjes: bewaar restjes en verwerk ze de volgende dag koud in een salade.

7 LUIE WEEKENDEN

Als je studeert, zijn de weekenden vaak de tijd van een enorme *chill out*. Het hoogtepunt van het weekend is wat mij betreft de zondagse maaltijd. Als er stormen razen en de regen met bakken uit de lucht komt, is er niets gezelliger dan met zijn allen rond de tafel zitten en gebraden vlees eten. In het weekend heb je de tijd om dat klaar te maken en het is nog leuk ook. Terwijl het vlees opstaat kun je lekker even met elkaar onderuitzakken voor je aan tafel gaat.

Het weekend is ook het ideale moment om een stoofschotel of ovengerecht te maken – lekker als je voor de tv wilt eten, maar ook als er mensen bij je komen eten. Maak ze 's morgens al klaar en laat ze staan tot je 's avonds wilt gaan eten.

PERFECT GEBRADEN KIP

VOOR 4 PERSONEN

Zoet, sappig en mals gebraden kip vol knoflook, citroen en flink wat boter. Dit gerecht smaakt heerlijk met geroosterde groenten, maar in de zomer past een salade er ook perfect bij.

JE HEBT NODIG:

hele kip van ca. 1,8 kg
200 g boter
1 bol knoflook, horizontaal doormidden gesneden
1 citroen, gehalveerd

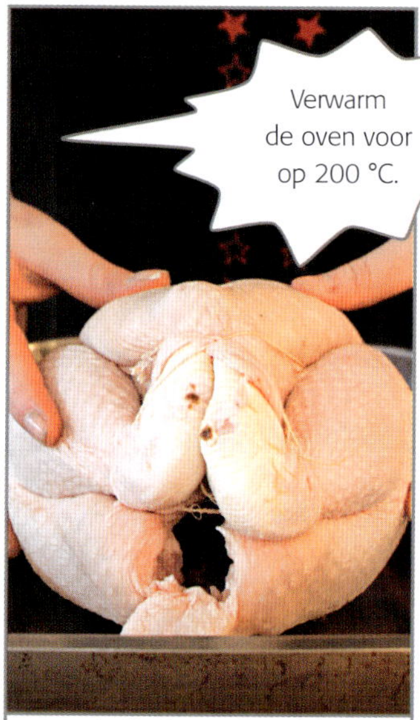

1 Leg de kip in een braadslee.

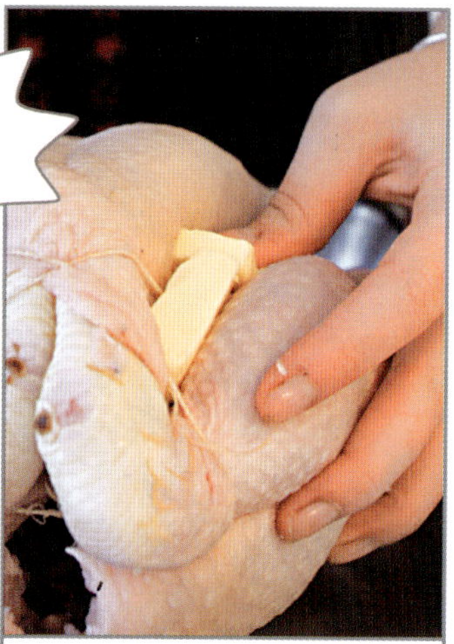

2 Snijd de boter in stukken en wrijf ze over het vel van de kip. Stop ook wat boter tussen de poten en vleugels.

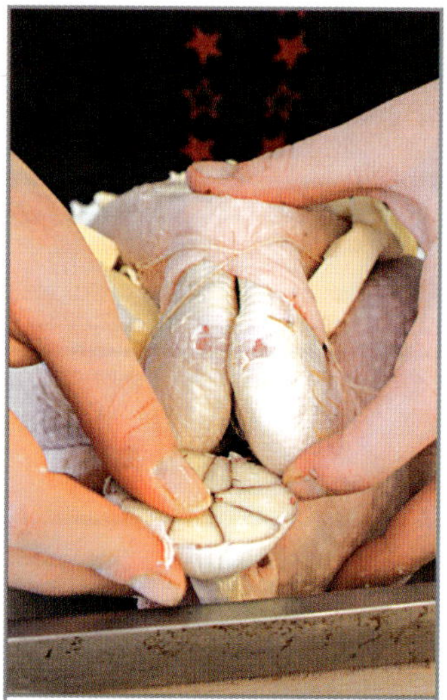

4 Stop de ene halve knoflookbol in de kip.

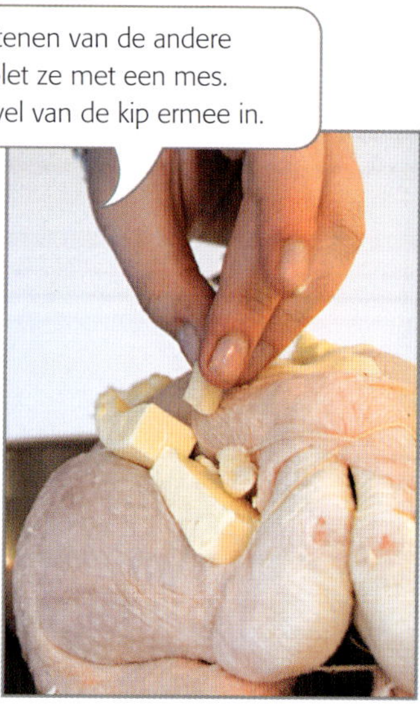

6 Steek 1 halve citroen in de kip en knijp de andere erboven uit.

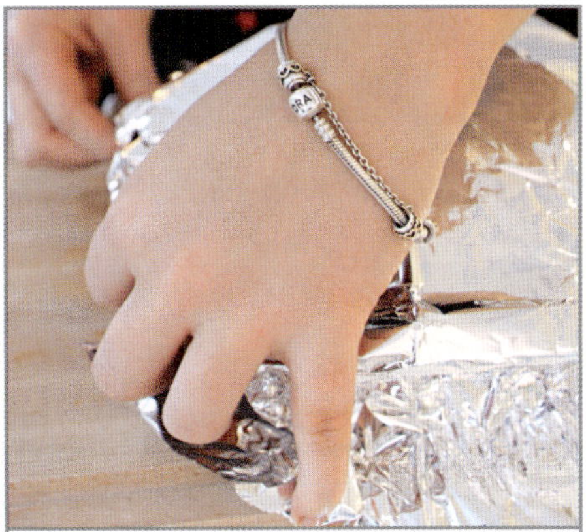

7 Dek de kip af met folie en zet haar in de oven. Reken 20 minuten voor elke 500 g, plus 20 minuten extra. Een kip van 1,8 kg heeft dus $1^{1}/_{2}$ uur nodig. Verwijder de folie na 1 uur om het vel mooi bruin te laten worden.

8 Nadat je de folie hebt verwijderd, bedruip je de kip geregeld met het bakvocht. Schep het er gewoon overheen en zet de braadslee dan snel terug in de oven.

9 Haal de kip uit de oven en leg haar op een snijplank, terwijl je de jus maakt (zie blz. 112). Als je de kip 10-15 minuten laat rusten, kun je haar makkelijker aansnijden.

Extra's: fijngehakte kruiden als salie, rozemarijn of tijm smaken heerlijk als je ze over het beboterde vel wrijft en in de kip stopt. Schenk eens een glas witte wijn in de braadslee voor de kip de oven in gaat. Dan stoomt de kip en blijft ze mooi vochtig, terwijl de smaken sterker worden.

Serveertip: serveer de kip met krokant gebakken aardappels (blz. 113), jus (blz. 112) en verschillende groenten, zoals de Preischotel (blz. 115).

Restjes: je kunt heel veel kanten op met gebraden kip. Bewaar het vlees en gebruik het in een salade, zoals Caesarsalade (blz. 60), of verwerk het in een carbonarasaus voor pasta (blz. 29). Gebruik restjes kippenvlees voor een sandwich of zelfs een roerbakschotel met noedels. Je kunt het afgedekt 2 dagen bewaren in de koelkast.

HEERLIJKE JUS

VOOR 4 PERSONEN

Bij een lekkere gebraden kip hoort een goede jus. Het kost je maar een paar minuten en hij kan worden gemaakt terwijl de kip staat te rusten. Ik doe er graag wat witte wijn in en gebruik zoveel mogelijk braadvocht.

JE HEBT NODIG:

- braadvocht van een gebraden kip (zie blz. 110-111)
- 2 blokjes kippenbouillon
- 500 ml kokend water
- 1 glas witte wijn
- 25 g bloem
- 25 g boter

1 Neem de braadslee waarin je de kip hebt gemaakt en schenk zoveel mogelijk vet van het braadvocht. Zet de slee op het fornuis op middelhoog vuur. Roer al het aanbaksel goed los.

2 Verkruimel de bouillonblokjes in het kokende water en roer.

3 Schenk de bouillon geleidelijk bij het braadvocht en roer goed.

4 Voeg de wijn en peper en zout toe.

5 De jus is nu behoorlijk dun: voeg bloem en boter toe om hem dikker te maken. Als je een echt dikke jus wilt, kun je de hoeveelheden bloem en boter verdubbelen. Roer goed en breng het geheel tegen de kook aan.

6 Laat de jus 3 minuten koken en breng hem dan op smaak met peper en zout.

7 Giet de jus in een kom en serveer.

Extra's: voeg wat kruiden toe, zoals rozemarijn of tijm, voor extra smaak.
Restjes: ik heb vaak jus over. Je kunt hem 2 dagen in de koelkast bewaren en hem dan 5 minuten verwarmen, tot hij goed heet is.

INGRIDS GEBAKKEN AARDAPPELS

VOOR 6 PERSONEN

Krokant gebakken aardappels horen bij gebraden vlees. Ze zijn verrukkelijk, maar je moet ze wel goed klaarmaken. Hier staat hoe je dat doet. Het kost best wat tijd, begin dus vroeg.

JE HEBT NODIG:

- 8 aardappels, in stukken van 5 cm
- 4 el olijfolie
- 50 g boter
- 2 el gehakte rozemarijn (naar keuze)

Verwarm de oven voor op 200 °C.

1 Breng een grote pan water aan de kook en kook de aardappels 5-8 minuten, tot ze zacht beginnen te worden.

2 Giet ze af en doe ze in een grote braadslee.

3 Schraap met een vork de aardappels wat kruimig.

4 Schenk de olijfolie erover en wrijf deze er goed in met je handen. Leg er dan vlokjes boter op.

5 Voeg eventueel de rozemarijn toe en bestrooi alles met veel zout.

6 Zet de braadslee $1\frac{1}{2}$-2 uur in de oven en bak ze goudbruin en krokant.

Extra's: de aardappels smaken het lekkerst en worden superkrokant als je ze maakt met... ganzenvet. Als je dat gebruikt, vervang de olijfolie dan door dit vet.
Serveertip: verrukkelijk bij Gebraden kip (blz. 110-111) en alles wat erbij hoort.
Restjes: bewaar overgebleven gekookte aardappels maximaal 2-3 dagen in de koelkast en eet ze koud in een tonijn- of kipsalade, of leg ze 15 minuten in een op 130 °C voorverwarmde oven.

BROCCOLI MET BOTER VOOR 6 PERSONEN

JE HEBT NODIG:

1 grote broccoli, in roosjes
50 g boter
2 tenen knoflook, gehakt

Toen ik begon met koken, leerde ik dat je groenten goed moet kruiden en even goed moet behandelen als alle andere etenswaren. Je wilt het beste uit je ingrediënten halen en het is wonderbaarlijk wat een beetje boter, knoflook en zout kunnen doen.

1 Doe de broccoli in een pan gezouten kokend water. Kook hem 5-8 minuten, tot hij zacht is als je erin prikt. (Gebruik geen deksel, want dan verliezen ze hun mooie kleur.)

2 Giet de broccoliroosjes af en doe ze terug in de pan.

3 Voeg de boter en knoflook toe en breng het geheel op smaak met peper en zout.

4 Doe de broccoli in een schaal en serveer direct.

Extra's: vervang de boter door olijfolie als je een wat mildere smaak wilt. Pijnboompitten smaken lekker over de broccoli.
Serveertip: serveer de broccoli bij Gebraden kip (blz. 110-111), Shepherd's pie (blz. 100-101) of Vistaart (blz. 102-103), of gewoon bij aardappels.
Restjes: groene groenten zijn niet op hun best als je ze weer opwarmt. Koud is de broccoli echter heerlijk in een salade of bij koude vis.

PREISCHOTEL

VOOR 6 PERSONEN

Steeds als ik tijdens mijn studietijd een ovenschotel wilde maken, vroeg iedereen om deze. Gelukkig ben ik gek op prei; het is een veelzijdig, romige groente. Samen met room en kaas in de oven wordt hij helemaal super.

JE HEBT NODIG:

- 50 g boter
- 6 preien, in ringen
- 300 ml slagroom
- 250 g belegen kaas, geraspt

Verwarm de oven voor op 180 °C.

1 Smelt de boter in een koekenpan, voeg de preiringen toe en fruit ze op middelhoog vuur.

2 De ringen vallen uit elkaar en verschrompelen wat. Bak ze 4 minuten en doe ze dan in een diepe ovenschaal van circa 20 cm doorsnede.

3 Schenk de slagroom erover en bestrooi met de kaas.

4 Zet de schaal 15 minuten in de oven, tot de kaas gesmolten en bruin is.

Extra's: gebruik gruyère voor een heerlijk decadente smaak. Die is duurder dan gewone kaas, maar wel erg lekker.
Serveertip: net als de Bloemkool-kaasschotel (blz. 36-37) smaakt dit heerlijk op zich, maar ik vind het ook geweldig bij Gebraden kip (blz. 110-111).
Restjes: afgedekt zijn de restjes 2 dagen houdbaar in de koelkast. Verwarm ze 15 minuten in een op 130 °C voorverwarmde oven.

RUNDERSTOOF-SCHOTEL VOOR 6 PERSONEN

Een stevige runderstoofschotel met aardappelpuree en rode wijn.

JE HEBT NODIG:

- 2 blokjes runderbouillon
- 300 ml kokend water
- 2 el olijfolie
- 1 ui, gepeld en in vieren
- 5 tenen knoflook, gehakt en geplet
- 700 g stoofvlees, in grote stukken
- 2 el bloem
- 3 wortels, geschrapt en in plakjes
- 3 preien, in ringen
- 2 el tomatenketchup
- 2-3 glazen rode wijn
- 4 takjes rozemarijn

Verwarm de oven voor op 170 °C.

1 Gebruik een ovenbestendige braadpan. Als je die niet hebt, neem je een hapjespan en maak je het gerecht op het fornuis. Verkruimel de bouillonblokjes in het kokende water. Roer en zet apart.

2 Verhit de olie in de braadpan. Fruit de ui en knoflook 3-4 minuten op middelhoog vuur, tot ze zacht zijn.

3 Bestrooi het vlees met de bloem en doe het dan in de pan.

4 Voeg de wortels en preiringen toe, schep om en bestrooi met peper en zout.

5 Voeg de tomatenketchup, wijn en bouillon toe.

6 Roer goed en voeg de rozemarijn toe.

7 Doe een deksel op de pan en zet hem $2^{1}/_{2}$-3 uur in de oven, of laat even lang op laag vuur op het fornuis staan; roer af en toe.

8 Controleer de stoofschotel na $2^{1}/_{2}$ uur door een stukje vlees door te snijden. Als het uit elkaar valt, is het gaar. Voeg peper en zout toe. Serveer heet op een bergje aardappelpuree.

Extra's: voeg wat gehakte kruiden toe, zoals salie of rozemarijn, terwijl je de ui en knoflook fruit. Je kunt in plaats van tomatenketchup ook tomatenpuree gebruiken. In plaats van 1 ui kun je 6 sjalotten toevoegen.
Serveertip: geef er een lekkere aardappelpuree, zoals die met knoflook (blz. 83), en een glas rode wijn bij.
Restjes: je kunt de gare stoofschotel 2-3 dagen bewaren in de koelkast. Zet hem dan op het fornuis, breng hem aan de kook en serveer hem heet. Ook heerlijk met gekookte aardappels en een groene salade.

KIP-SPEK-CHAMPIGNON-SCHOTEL

VOOR 6 PERSONEN

Hoe vaak ik dit gerecht ook maak, ik krijg er nooit genoeg van. Het is geïnspireerd op een recept dat ik heb geleerd op de Ballymaloe Cookery School.

JE HEBT NODIG:

- 4-5 el olijfolie
- 6 sjalotjes, gepeld maar heel gelaten
- 5 tenen knoflook, geperst
- 3 wortels, geschrapt en gehakt
- 200 g kleine champignons
- 200 g spekblokjes
- 6 kippendijen
- 2 glazen witte wijn
- 500 ml kokend water
- 2 blokjes kippenbouillon
- 4-6 takjes tijm

Verwarm de oven voor op 180 °C.

1 Verhit 2 eetlepels olie in een koekenpan en voeg de sjalotjes en knoflook toe.

2 Bak ze 2-3 minuten op middelhoog vuur en doe ze dan in een ovenbestendige braadpan of een ovenschaal.

3 Zet de koekenpan terug op het vuur en bak de wortels 2 minuten, tot ze licht verkleurd zijn, en doe ze dan in de braadpan.

4 Herhaal dit met de champignons en dan het spek. Als de pan te droog wordt, voeg je wat olie toe.

5 Doe 2 eetlepels olie in de koekenpan en doe de kippendijen erin. Bak ze 2 minuten aan weerszijden, zodat ze een goudgele kleur krijgen. Doe ze in de braadpan.

6 Zet de koekenpan terug op het vuur en verhit de helft van de witte wijn. Pas op voor spatten. Schenk de wijn in de braadpan; dit heet deglaceren.

7 Vul aan met de rest van de wijn.

8 Meng de bouillonblokjes door het kokende water. Doe bouillon, tijm, zout en peper in de braadpan. Zet de pan 45 minuten in de oven.

Is de saus te dun, schenk dan 400 ml in een pan en voeg er 50 g boter en 50 g bloem aan toe om hem dikker te maken. Doe hem dan terug in de braadpan.

9 Controleer of de kip gaar is door in het dikste deel van de dij te prikken. Het vlees moet wit zijn, zonder een spoortje roze.

10 Serveer direct of houd alles 20 minuten warm in de oven (130 °C).

Extra's: als je hier een vegetarische schotel van wilt maken, laat je de kip en het spek weg en vervang je ze door rode uien, prei, sugarsnaps en aardappels. Bak ze net als de rest in de koekenpan voor je ze in de braadpan of ovenschaal doet.
Serveertip: wat mij betreft is er maar één manier om dit gerecht te eten: met heerlijke aardappelpuree (blz. 82) en een salade.
Restjes: je kunt de schotel 3 dagen bewaren in de koelkast. Zet hem op het vuur tot hij door en door heet is.

LOTTIES KIP-KOKOSCURRY

VOOR 4-6 PERSONEN

Mijn vriendin Lottie nodigde op een avond een flink aantal vrienden uit en maakte diepe indruk met dit succesnummer. Het was niet alleen superlekker, maar gaf ons ook alle energie om tot in de vroege uurtjes te feesten.

JE HEBT NODIG:

- 4 el zonnebloemolie
- 6 tenen knoflook, fijngehakt en geplet
- 4 lente-uitjes, fijngehakt
- 1 rode ui, fijngesnipperd
- stuk verse gember van 3 cm, geschild en gehakt
- 5 el milde currypasta
- 6 kipfilets, in reepjes
- 1 rode paprika, zaadlijsten verwijderd, gehakt
- 3 blikken kokosmelk van 400 ml
- 150 ml kippenbouillon (naar keuze)
- 200 g diepvriesdoperwten

1 Verhit de olie op hoog vuur in een wok of grote koekenpan.

2 Voeg knoflook, lente-ui, rode ui en gember toe, zet het vuur lager en fruit het geheel 2 minuten.

3 Zet het vuur middelhoog, roer de currypasta erdoor en bak hem 1 minuut mee.

4 Voeg de reepjes kip en paprika toe, gevolgd door de kokosmelk.

5 Breng alles aan de kook. Zet het vuur lager en laat de saus 7-10 minuten zachtjes koken; controleer of de kip gaar is.

6 Proef en als je de saus te kokosachtig vindt, voeg je de kippenbouillon toe. Aan jou de keus.

7 Voeg tot slot de bevroren erwtjes toe en warm ze 3 minuten mee. Serveer direct.

Extra's: je kunt hier ook nog aardappels of zoete aardappel aan toevoegen. En wat dacht je van pompoen?
Serveertip: serveer de curry bestrooid met verse koriander of peterselie en basmatirijst en eventueel enkele papadums.
Restjes: je kunt dit gerecht 2 dagen in de koelkast bewaren. Verwarm het langzaam tot het heet is en voeg, als het te droog lijkt, 50 ml kippenbouillon toe. Serveer het dan eens met noedels (blz. 68).

GEURIGE GROENTE-CURRY VOOR 4 PERSONEN

Hoewel ik geen vegetariër ben, ben ik gek op groentecurry's. Nadat ik met wat ingrediënten had geëxperimenteerd, kwam ik tot de conclusie dat zoete aardappels de sleutel tot succes zijn.

JE HEBT NODIG:

- 1 aubergine, in blokjes
- 2 wortels, geschrapt en in plakjes
- 150 g sperziebonen
- 2 zoete aardappels, geschild en in blokjes
- 400 ml water
- 2 el plantaardige olie
- 1 rode ui, grof gehakt
- 3 tenen knoflook, fijngehakt en geplet
- 1 groene Spaanse peper, in plakjes
- 2 el currypasta
- 2 el kokosmelk
- 2 el yoghurt
- 3 tomaten, in vieren
- handvol verse koriander, gehakt

1 Doe de aubergine, wortels, sperziebonen en zoete aardappels in een grote pan, voeg het water toe en breng aan de kook.

2 Doe een deksel op de pan en kook de groenten in 5-8 minuten op middelhoog vuur gaar. Het water zal niet boven de groenten uit komen, maar dat geeft niet; ze worden meer gestoomd dan gekookt.

3 Verhit intussen de olie in een grote wok, voeg de ui, knoflook en Spaanse peper toe en fruit ze op middelhoog vuur.

4 Voeg de currypasta toe, roer en bak hem 2 minuten mee.

5 Voeg de gekookte groenten met het kookvocht toe.

6 Schep de kokosmelk erdoor en bestrooi met peper en zout.

7 Roer de yoghurt en tomaten erdoor.

8 Warm de curry nog 2-3 minuten door en bestrooi hem vlak voor het serveren met koriander.

Extra's: fruit $^{1}/_{2}$ theelepel komijn mee. Vervang de groenten gerust door wat jij lekker vindt. Je kunt de groenten ook in bouillon koken, voor wat meer smaak.
Serveertip: serveer met een portie Thaise rijst (blz. 125).
Restjes: bewaar restjes afgedekt in de koelkast en eet ze de volgende dag, bijvoorbeeld met noedels. Verwarm de curry dan 5 minuten in een wok of pan, tot hij goed heet is.

HOE MAAK JE RIJST? VOOR 1 PERSOON

JE HEBT NODIG:
75 g basmatirijst of langkorrelige rijst

Dit is een gemakkelijke manier om rijst te koken, met gegarandeerd een fantastisch resultaat: lichte, mooie korrels die elke keer weer perfect gaar zijn. Rijst is een van die veelzijdige en goedkope producten, net als pasta, die je gewoon in je voorraadkast moet hebben. Altijd handig als bijgerecht, maar ook als gerecht op zich, met wat extra's erdoor. Ik gebruik meestal basmatirijst; *basmati* betekent 'koningin van de geur' in het Hindi. Heerlijk bij curry's en ook lekker met wat boter en koriander. Langkorrelige rijst wordt op dezelfde manier bereid.

1 Breng een pan water aan de kook en voeg een snufje zout toe.

2 Voeg de rijst toe en roer de korrels los.

3 Kook de rijst 10-12 minuten, tot hij gaar is.

4 Giet af en serveer direct.

BASMATIRIJST MET KORIANDER

VOOR 4 PERSONEN

Associeer eenvoud nooit met een gebrek aan smaak of geur. Ik zou schalen vol van deze rijst kunnen eten. Slechts twee extra ingrediënten en dan zoveel smaak!

JE HEBT NODIG:

- 350 g basmatirijst
- 100 g boter
- 4 el verse koriander, fijngehakt

Extra's: als je niet van koriander houdt, kun je ook bladpeterselie ('platte' peterselie) gebruiken.
Serveertip: serveer deze rijst bij een curry of stoofschotel.
Restjes: het is gevaarlijk om rijst op te warmen, maak dus alles op.

1 Kook de rijst zoals hiernaast beschreven.

2 Roer de boter erdoor en bestrooi met peper en zout.

3 Strooi de koriander erover en roer weer.

THAISE RIJST

VOOR 4 PERSONEN

Ik ben dol op deze rijst: hij is sensueel en verrukkelijk. Hij lijkt op basmati, maar is wat kleveriger. Heerlijk bij een curry, maar ook met wat groenten en sojasaus als gerecht op zich.

JE HEBT NODIG:

- 1 l water
- 350 g Thaise jasmijnrijst
- sap van ½ limoen

Serveertip: serveer bij oosterse gerechten, zoals Garnalen-kokosschotel (blz. 70).

1 Kook het water in een grote pan en voeg dan de rijst toe. Roer goed, zodat de korrels niet plakken.

2 Kook de rijst 10 minuten, tot hij zacht is. Laat hem uitlekken in een vergiet.

3 Doe de rijst in een kom en knijp de limoen erover uit.

AFRIKAANSE BRUINE RIJST

VOOR 4 PERSONEN

Ik ben vaak in Portugal geweest. Ze koken daar erg lekker en ik vind het interessant om meer te weten te komen over buitenlands eten. Dit is een heel eenvoudig rijstgerecht uit het restaurant Dos Passos in de Algarve. Ik mocht een ochtend meekijken in de keuken en leerde dit te maken.

JE HEBT NODIG:

- 300 g basmatirijst
- 2 el plantaardige olie
- 1 ui, fijngesnipperd
- 4 tenen knoflook, fijngehakt
- 200 g spekblokjes
- 4 el sojasaus
- 3 el rozijnen of krenten

1 Kook de rijst zoals op blz. 124, maar kook hem slechts 4-5 minuten, zodat de rijst nog flink wat beet heeft.

2 Giet af, laat er 2 minuten koud water over stromen en zet apart.

3 Verhit de olie in een grote pan en fruit de ui en knoflook 15 minuten op laag vuur, tot ze heel zacht zijn.

4 Zet het vuur hoog en voeg het spek toe. Zet het vuur na 1 minuut lager en bak het spek 10 minuten.

5 Voeg de rijst toe, roer goed en voeg dan de sojasaus toe. Roer weer. De rijst wordt nu lichtbruin.

6 Bak het geheel 15 minuten op middelhoog vuur, zodat de sojasaus kan verdampen.

7 Bestrooi de rijst vlak voor het serveren met de rozijnen.

Extra's: ik zou er niets anders aan toevoegen; dit is zoals de Portugezen het doen en dat is de beste manier.
Serveertip: serveer met iets eenvoudigs als gebraden kip of vis. Het is een zeer smaakvol gerecht, dat het beste bij iets past dat licht van smaak is.
Restjes: rijst mag je niet opwarmen, dus eet maar gewoon lekker door.

GEBAKKEN RIJST

VOOR 4 PERSONEN

Dit is een geweldig recept om allerlei restjes op te maken. Mijn moeder noemt het 'kliekjesavond' als ze dit gerecht maakt.

JE HEBT NODIG:

- 300 g langkorrelige of basmatirijst
- 2 el olijfolie
- 200 g spekblokjes
- 1 ui, gesnipperd
- 2 tenen knoflook, fijngehakt en geplet
- 200 g gare kip of rund- of lamsvlees
- 200 g diepvriesdoperwten

2 Verhit de olie in een koekenpan en voeg spek, ui en knoflook toe. Bak het spek goudbruin.

3 Giet de rijst af en roer het spek-uimengsel erdoor. Breng op smaak met peper en zout.

5 Voeg de doperwten toe en warm ze 4-5 minuten al roerend mee.

Extra's: voeg wat fijngehakte peterselie toe, voor wat extra groen. Een fijngesneden Spaanse peper is ook heerlijk en geeft het gerecht een echte 'kick'. Je kunt ook 1 eetlepel zoete chilisaus toevoegen.
Serveertip: heerlijk met een groene salade, maar ook lekker bij gebraden kip of geroerbakte groenten.
Restjes: rijst niet meer opwarmen.

8 HOUSE-WARMING-PARTY

Een nieuwe woning is een geweldige gelegenheid om een feestje te geven. Je studiegenoten zijn dolblij met een uitnodiging voor een housewarmingparty, maar zorg wel dat ze allemaal wat te drinken en eventueel zelfs wat te eten meenemen.

De recepten in dit hoofdstuk zijn voor 8 of meer personen, maar je kunt de hoeveelheden nog verdubbelen of zelfs verdriedubbelen. Een grote pan curry is ideaal: dan kan iedereen pakken wat hij wil. Ik ben ook een groot fan van barbecues – ongeacht het seizoen, zoals met Halloween. Iedereen kan dan naar buiten voor lekkere worstjes en warme wijn. Een perfecte najaarsavond!

CHILI CON CARNE

VOOR 8 PERSONEN

Een pittige, warme chili con carne is gewoon altijd lekker en ideaal voor een feestje als er veel mensen komen. Hij mag van mij lekker pittig zijn, dus zijn Spaanse pepers en chilivlokken een must. Zet de pan op tafel als je klaar bent en kijk hoe erom gevochten wordt. Lekker met een koud biertje of een glas rode wijn.

JE HEBT NODIG:

- 4 el olijfolie
- 2 rode uien
- 4 tenen knoflook
- 2 rode Spaanse pepers, zaad verwijderd
- 2 tl gedroogde chilivlokken
- 1,5 kg mager rundergehakt
- 3 blikken (à 400 g) tomatenblokjes
- 2 glazen rode wijn (naar keuze)
- 1 el worcestersaus
- 1 tl tabasco
- 800 g rode kidneybonen
- 150 ml zure room

1 Verhit de olie in een koekenpan op middelhoog vuur. Voeg de uien, knoflook en pepers toe.

2 Voeg de chilivlokken toe en bak alles 3-4 minuten zachtjes.

3 Zet het vuur hoger en voeg het gehakt en peper en zout toe. Bak het gehakt bruin.

4 Zet het vuur lager en voeg de tomaten, rode wijn, worcestersaus en tabasco toe. Roer goed en voeg de bonen toe.

5 Laat het geheel zo lang mogelijk zachtjes koken. Ik laat het minstens 1 uur koken, zodat de smaken echt intens worden. Proef na 1 uur en voeg eventueel extra peper en zout toe.

6 Serveer met zure room.

Extra's: voeg geen tabasco toe als je niet van al te pikant houdt: de chili wordt er echt heet van. Je kunt er vlak voor het serveren nog verse koriander of peterselie over strooien.
Serveertip: ik vind dit lekker met rijst en zure room, Guacamole (blz. 78) en eventueel een salade. Een ideale maaltijd voor grote groepen.
Restjes: gooi nooit chili weg, want hij smaakt de volgende dag nog lekkerder. Warm hem langzaam op en serveer de chili in een gepofte aardappel met geraspte kaas. Lekker als je een kater hebt.

MIJN ULTIEME THAISE GROENE CURRY

VOOR 6-8 PERSONEN

Mijn vrienden vragen om dit gerecht als ze een kater hebben of als ze verkouden zijn. Thais eten bevat namelijk specerijen waardoor je verstopte neus weer opengaat en doet je gewoon goed. Het is ook ideaal als er veel mensen op bezoek komen, net als chili, omdat je gewoon een grote pan op tafel zet en iedereen zelf kan pakken.

JE HEBT NODIG:

- 4 el plantaardige olie
- 4 tenen knoflook, fijngehakt
- stukje verse gember van 2 cm, geschild en fijngehakt
- 4 lente-uitjes, gesneden
- 3 stengels citroengras, geschild en fijngehakt
- 2 groene Spaanse pepers, zaad verwijderd, fijngehakt
- geraspte schil en sap van 6 limoenen
- 4 el Thaise groene currypasta
- 1 kg kipfilet, in plakjes
- 3 blikken (à 400 ml) kokosmelk
- 1 blokje kippenbouillon
- 200 ml kokend water
- 600 g sperziebonen, afgehaald
- 2 handenvol verse koriander, gescheurd

1 Verhit de olie in een koekenpan op middelhoog vuur. Voeg knoflook, gember, lente-uitjes, citroengras en pepers toe en roerbak ze 3-4 minuten, tot ze zacht zijn.

2 Zet het vuur hoog en voeg het limoensap en de -rasp toe.

3 Roer de currypasta erdoor.

4 Roerbak 3 minuten en voeg de kip toe.

5 Roer de kip er goed door en voeg direct de kokosmelk toe.

8 Voeg de bonen toe en kook ze 5 minuten mee.

9 Bestrooi het gerecht met koriander en serveer.

Extra's: je kunt in plaats van sperziebonen ook groene paprika gebruiken en als je niet wilt dat het gerecht zo groen is, gebruik je rode Spaanse pepers in plaats van groene.
Serveertip: een geweldig gerecht voor grote groepen. Serveer het met gekookte rijst of alleen met een paar papadums. Als je dit met een kleinere groep eet, kun je er ook noedels bij serveren.
Restjes: doe restjes in een afgesloten bakje en bewaar ze 2 dagen in de koelkast of 3 maanden in de vriezer. Laat de curry dan eerst ontdooien voor je hem langzaam opwarmt in een pan tot hij zeer heet is.

WODKAWATER-MELOEN VOOR 8 PERSONEN OF MEER

JE HEBT NODIG:

1 watermeloen

70 ml wodka

Dit is helemaal geweldig voor een housewarmingparty. Watermeloen smaakt 's zomers op zijn best en is dan ook het beste verkrijgbaar.

1 Snijd met een mes voorzichtig een rondje van 5 cm uit de watermeloen.

2 Snijd er met een lepel zo diep mogelijk een kegeltje vruchtvlees uit.

3 Schenk de wodka in het gat, doe het 'deksel' van de meloen er weer op en laat hem 1 uur staan.

4 Als je vrienden komen, neem je een handvol rietjes en drink je samen de wodka eruit.

5 Snijd de meloen dan open en eet het vruchtvlees, dat doordrenkt is met wodka, op.

Pas op, het is sterker dan je denkt...

COSMOPOLITAN-COCKTAIL VOOR 1 PERSOON

JE HEBT NODIG:

- 50 ml wodka
- 30 ml cranberrysap
- sap van 1 limoen

Dit is een heerlijke cocktail, perfect bij Kebabs met chiligarnalen en limoen (blz. 138). Er zit wat limoensap in, waardoor de limoen in de garnalen beter tot zijn recht komt. Verder is dit drankje roze, mooi en lekker!

1 Schenk de wodka in een groot glas en voeg het cranberry- en limoensap toe.

BARBECUE

Als je studeert, is het begin van de zomer altijd een leuke tijd, maar het betekent ook iets anders: TENTAMENS. Iedereen heeft zin in een goede maaltijd en ontspanning na hele dagen studeren. Waarom geef je niet een klein feestje met een barbecue? Kippenpoten, kebabs en worstjes bezorgen je een goed humeur, vooral als je er een lekkere cocktail bij drinkt. En je hoeft barbecues heus niet te beperken tot de zomer. Ik organiseer er altijd een met Halloween en nodig heel veel vrienden uit voor warme wijn en worstjes in de tuin. Maak gebruik van elke gelegenheid om een leuke, betaalbare party te organiseren!

WORSTJES

Standaard voor op de barbecue en lekker met wat ketchup. En niet alleen in de zomer: 's winters en bij een Halloweenfeestje zul je er ook van genieten. Je kunt ook cocktailworstjes gebruiken.

JE HEBT NODIG:

- 16 worstjes
- 4 el honing
- 2 el sesamzaad (naar keuze)

1 Leg de worstjes in een schaal en schenk de honing erover. Meng goed.

2 Leg de worstjes op de barbecue en rooster ze 10 minuten boven de hete kooltjes, tot ze goudbruin zijn.

3 Doe de gare worstjes in een schaal en bestrooi ze eventueel met sesamzaad. Als de zaadjes niet goed blijven plakken, kun je er nog wat honing over sprenkelen.

Extra's: worstjes smaken prima zonder iets erbij, dus als je er geen honing en sesamzaad op wilt doen, is dat prima. Ik houd van het plakkerige van de honing. Wikkel een plakje spek rond elk worstje voor extra vleessmaak.
Serveertip: doop ze in ketchup en mosterd.
Restjes: ze smaken ook koud uitstekend en je kunt ze afgedekt 2 dagen bewaren in de koelkast. Bak ze 5 minuten om ze op te warmen. Maak een broodje worst als lunch.

HONING-MOSTERDKIP

VOOR 10 PERSONEN

JE HEBT NODIG:

- 10 kippendijen, drumsticks of vleugels
- 3 el honing
- 3 el mosterd

Een barbecue is niet compleet zonder kip. Deze marinade geeft het vlees een heerlijke zoet-hartige smaak die heerlijk is in combinatie met het rokerige van de barbecue.

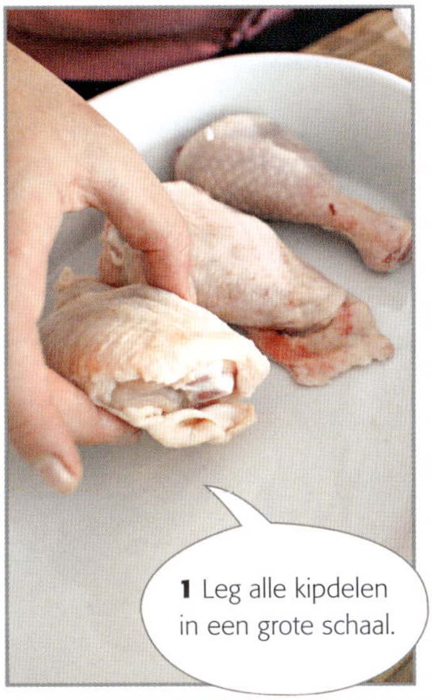

1 Leg alle kipdelen in een grote schaal.

2 Bestrijk ze met honing en mosterd.

3 Wrijf het mengsel met je handen over de kip.

Het is het lekkerst om de kip ruim van tevoren te marineren. Zet de kip in de marinade 30 minuten in de koelkast of, nog beter: maak alles 's morgens klaar en bewaar de kip de hele dag in de koelkast, zodat de smaken van de honing en mosterd goed in het vlees kunnen doordringen.

4 Leg de kipdelen op de hete barbecue en draai ze elke 3 minuten om. Rooster ze circa 10 minuten, tot ze krokant, goudbruin en gaar zijn. Controleer de kip door er met een scherp mes in te prikken: het vlees moet wit zijn, zonder een spoortje roze.

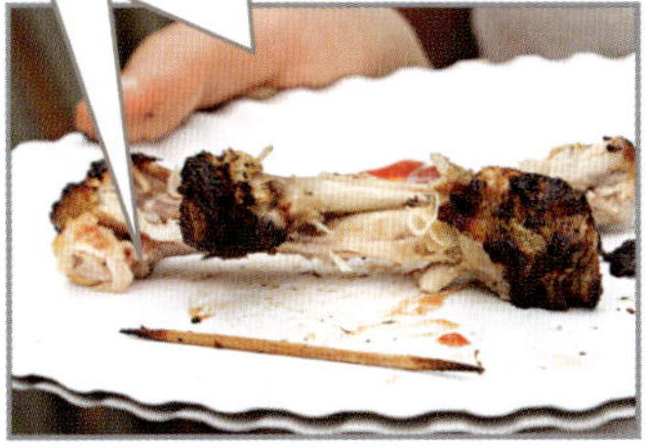

Extra's: maak de marinade wat pittiger door er hete chilisaus aan toe te voegen of zelfs een fijngehakte rode of groene Spaanse peper. Kruiden als rozemarijn kun je fijnhakken en over de kip wrijven voor een heerlijk resultaat.

Serveertip: zorg voor verschillende sausjes: ketchup, mayonaise, barbecuesaus. Serveer ze de kip samen met andere klassiekers, zoals worstjes, hamburgers en salades.

KEBABS MET CHILIGARNALEN EN LIMOEN

VOOR 10 PERSONEN

JE HEBT NODIG:

- 300 g gekookte garnalen, gepeld
- sap van 3 limoenen
- 2 rode Spaanse pepers, zaad verwijderd, fijngehakt
- 2 el sojasaus
- 20 houten satéprikkers of metalen pennen

Deze kebabs zijn lekker pittig. Je kunt in de supermarkt vaak gepelde gekookte garnalen vinden en die zijn niet eens zo duur. Maar als je een goede viswinkel in de buurt hebt, is het een idee om wat meer geld uit te geven en ze daar te kopen.

1 Doe de garnalen in een kom en voeg het limoensap, de pepers en sojasaus toe. Roer goed.

Leg houten prikkers een tijdje in water om te voorkomen dat ze verbranden op de barbecue.

Laat de garnalen enkele uren marineren in de koelkast, maar als je niet zoveel tijd hebt, is 10-30 minuten ook goed.

2 Rijg de garnalen aan de voorgeweekte satéprikkers of aan pennen.

3 Schep de resterende marinade over de garnalen en rooster de kebabs 5 minuten op de barbecue.

Vergeet niet dat de garnalen al gekookt zijn: je hoeft ze alleen maar krokant en warm te maken.

Serveertip: doop de kebabs in wat sojasaus of zoete chilisaus of knijp er wat limoenen over uit vlak voor je ze serveert.

BANANEN VAN DE BARBECUE

VOOR 10 PERSONEN

Gebruik aan het eind van een barbecue dit recept eens. Het is belachelijk simpel, maar sensationeel lekker. Leg de bananen gewoon in de schil op de barbecue, snijd ze daarna open en vul ze met allerlei lekkers.

JE HEBT NODIG:

10 bananen

Vullingen:

10 el suiker

300 g pure of melkchocolade, in stukjes

1 Leg de bananen op een barbecue waarvan de kooltjes alleen nog nagloeien.

2 Draai ze na 5 minuten om. De schil is dan zwart. Geen paniek: dat hoort zo.

3 Na nog eens 5 minuten zouden beide kanten zwart moeten zijn en zie je dat de bananen door de schil heen borrelen. Haal ze van de barbecue.

4 Snijd de bananen in de lengte open en open ze voorzichtig, zonder de schil kapot te trekken.

5 Verdeel de chocolade over de bananen en bestrooi ze met suiker.

Extra's: dit is een van die gerechten die heel persoonlijk zijn; iedereen heeft altijd zijn eigen favoriete combinatie. Je kunt marshmallows toevoegen, of 1 eetlepel slagroom of vla per banaan – wat je maar wilt.

Serveertip: een schep ijs smaakt waanzinnig lekker bij deze bananen. Warm en koud samen... goddelijk. Eet de bananen wel op terwijl ze nog warm zijn.

Restjes: het zou me verbazen als je iets overhoudt!

VERRUKKELIJKE CHOCOLADEMELK

VOOR 1 PERSOON

Tijdens mijn opleiding ging ik een paar keer per week naar een café waar ze overheerlijke chocolademelk serveerden. Marshmallows op warme chocolademelk – degene die dat heeft verzonnen, is mijn held!

JE HEBT NODIG:

- 1 el cacaopoeder, plus wat extra ter garnering
- 300 ml melk
- 4 el slagroom
- handjevol marshmallows

1 Neem een grote mok en doe er een schep cacaopoeder in.

3 Schenk de hete melk al roerend in de mok met cacaopoeder.

4 Klop de slagroom.

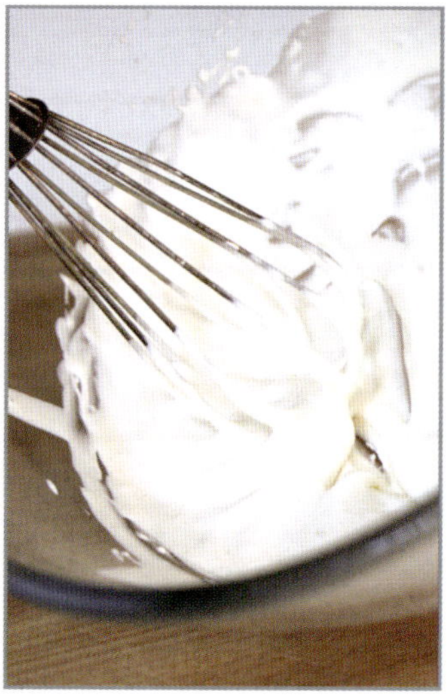

5 Schep de slagroom op de warme chocolademelk.

6 Doe de marshmallows in de mok.

7 Bestuif met wat cacaopoeder.

Extra's: 1 theelepel whisky erin is erg lekker en geeft een extra boost.
Serveertip: gewoon lekker opdrinken, of eet er een lekker stuk chocolade bij terwijl je ontspant en bijkletst.

9 TIFFS LEKKERNIJEN

Als je een zoetekauw bent, is dit echt een hoofdstuk voor jou: een selectie van mijn favoriete desserts. Ik heb er ook andere lekkernijen aan toegevoegd, zoals brownies en schattige minicakejes die ideaal zijn voor bij de koffie. Taarten staan erom bekend dat ze kunnen mislukken, maar deze recepten zijn echt heel eenvoudig. Lach lekker in je vuistje als je vrienden zwaar onder de indruk zijn. Niets zeggen en de complimenten in ontvangst nemen! Iedereen vindt hier wel iets van zijn of haar gading, of je nu een verrukkelijke verjaardagstaart wilt maken of iets zoekt voor bij de thee (wat dacht je van bananencake?).

GEWELDIGE BROWNIES

VOOR 20 MIDDELGROTE BROWNIES

Het geheim zit hem in de rietsuiker, waardoor de brownies lekker plakkerig en zacht worden. Een brownie moet een krokante bovenkant hebben en vanbinnen heerlijk zacht zijn. Deze worden perfect.

JE HEBT NODIG:

- 225 g boter, plus 2 el voor het invetten
- 275 g pure of melkchocolade, in stukjes
- 4 eieren
- 275 g ruwe rietsuiker
- 200 g bloem
- 1/2 tl bakpoeder

Verwarm de oven voor op 180 °C.

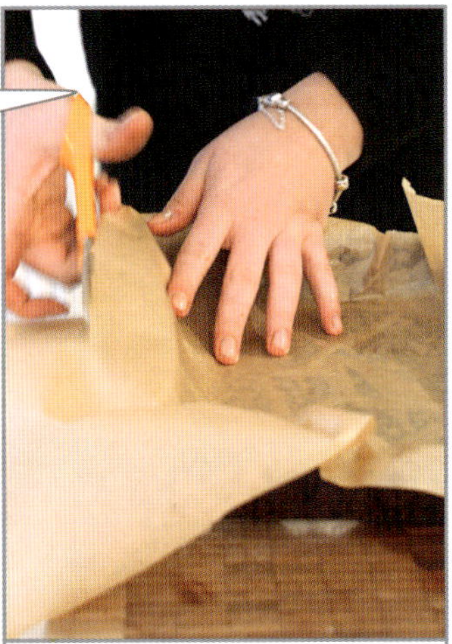

1 Beboter een bakvorm van 30 x 20 cm en bekleed de vorm met bakpapier.

2 Smelt de chocolade en boter al roerend in een pan. Laat het mengsel dan een paar minuutjes afkoelen.

3 Klop de eieren los in een kom en klop de suiker erdoor.

4 Voeg het chocolademengsel toe en roer goed.

5 Spatel voorzichtig de bloem en het bakpoeder erdoor.

6 Schenk het beslag in de beklede bakvorm en bak het geheel 25 minuten in de hete oven.

7 Haal de koek uit de oven. Hij moet bovenop heerlijk krokant zijn, maar – door de rietsuiker – vanbinnen juist verrukkelijk zacht.

8 Snijd hem in vierkantjes en dien ze op.

Extra's: ik houd zelf niet zo van brownies met noten, maar als jij dat wel lekker vindt, kun je een handvol walnoten toevoegen tegelijk met de bloem. Je kunt in plaats van ruwe rietsuiker ook gewone (witte of bruine) suiker gebruiken.
Serveertip: serveer de brownies 's middags bij de thee of als dessert met wat vanille-ijs. Maak minibrownies als er heel veel vriendinnen komen.
Restjes: je kunt ze 3 dagen bewaren in een luchtdicht afgesloten trommel.

CHOCOLADE-MOUSSE VOOR 6-8 PERSONEN

Ik maak deze mousse met eiwitten in plaats van slagroom, omdat het gezonder is en zorgt voor een veel lichtere, luchtige textuur. Schenk de mousse in wijn- of whiskyglazen, zet ze in de koelkast om op te stijven en leg er dan wat vers fruit op. Supereenvoudig, maar erg indrukwekkend.

JE HEBT NODIG:

- 350 g melkchocolade, in stukjes
- 4 eieren
- 150 g boter
- 75 g witte basterdsuiker
- 150 g bosbessen

1 Smelt de chocolade in een hittebestendige kom die je op een pan zacht kokend water hebt gezet. Roer tijdens het smelten. Dit duurt 3-4 minuten.

2 De kom moet goed op de pan passen, ZONDER dat de kom het water raakt. Laat de gesmolten chocolade 5 minuten afkoelen.

3 Pak intussen 2 kommetjes en splits de eieren.

Breek hiervoor een voor een de eieren en laat het eiwit eruit lopen, terwijl je de dooier in de schaal houdt. Laat de dooier voorzichtig van de ene naar de andere schaal glijden, zodat de rest van het eiwit eruit loopt (in het ene kommetje). Doe de dooiers in het tweede kommetje.

4 Klop de eidooiers door de gesmolten chocolade. Roer dan de boter en suiker erdoor.

5 Klop de eiwitten in 3-5 minuten stijf in een superschone kom. Met een mixer duurt het 2 minuten.

6 Spatel de eiwitten voorzichtig door het chocolademengsel.

7 Verdeel de mousse over schaaltjes of glazen. Laat ze 1-2 uur opstijven in de koelkast.

Extra's: je kunt wat passievruchtenpulp door de mousse kloppen; dat smaakt vooral goddelijk bij wittechocolademousse. Gebruik de chocolade die jij het lekkerst vindt. Ik houd van melk, maar ook pure en witte chocolade zijn populair.
Serveertip: probeer ook eens aardbeien of frambozen in plaats van bosbessen.
Restjes: de opgestijfde mousse blijft 2-3 dagen goed in de koelkast. Eet hem altijd koud.

APPELKRUIMEL-TAART

VOOR 4-6 PERSONEN

Mijn oma maakte de lekkerste appelkruimeltaart, dus heb ik haar ideeën ingepikt. Eenvoudig maar superlekker.

JE HEBT NODIG:

5 grote appels (granny smith of pink lady), geschild, klokhuis verwijderd, in vieren
300 ml water
1 tl citroensap
2 el kristalsuiker

Kruimellaag:

275 g bloem
175 g kristalsuiker
200 g boter, in blokjes

Verwarm de oven voor op 180 °C.

1 Doe de appels in een pan met water, citroensap en suiker. Doe er een deksel op en kook alles 15 minuten, tot de appels zacht zijn. Proef ze: als ze nog wat zuur zijn, kun je er extra suiker bij doen. Vind je ze te zoet, dan voeg je wat citroensap toe.

2 Maak intussen de kruimellaag.

3 Meng de bloem en suiker in een grote kom. Doe de boter erbij en wrijf hem met je handen door het bloemmengsel. Heb geduld: er ontstaan uiteindelijk kruimels.

Er ontstaan goudkleurige kruimels, als een soort plakkerig zand.

4 Doe de appels in een ovenschaal (ik gebruik er een van 30 x 17 cm) en bestrooi ze met de kruimels.

5 Bak de taart 30-40 minuten in de oven, tot de kruimels goudbruin zijn.

Extra's: je kunt wat rozijnen, bramen, frambozen of vanille-essence toevoegen aan de pan met appels. Een snufje kaneel is ook lekker. Rietsuiker in plaats van kristalsuiker mag ook.
Serveertip: serveer met een flinke schep vanille-ijs of vla.
Restjes: als je hier iets van overhoudt, zijn je vrienden niet wijs. Je kunt de taart niettemin 3 dagen bewaren in de koelkast en dan 10 minuten opwarmen in een op 150 °C voorverwarmde oven.

BANANENCAKE

VOOR 6 PERSONEN

Beloon jezelf in een tentamenperiode met een plak van deze heerlijke bananencake bij een kopje thee.

JE HEBT NODIG:

- 75 g boter
- 175 g witte basterdsuiker
- 450 g bananen
- 2 eieren
- 200 g zelfrijzend bakmeel
- 1/4 tl natriumbicarbonaat (natuurvoedingswinkel)
- 1/2 tl zout

1 Vet een cakevorm van 900 g in met boter en bekleed hem dan met bakpapier.

2 Klop de boter en suiker in een kom. Snijd de bananen klein en prak ze door het mengsel. Voeg de eieren toe en meng alles goed.

3 Meng bakmeel, natriumbicarbonaat en zout.

4 Zeef het meel boven het banaan-botermengsel en roer goed.

5 Schenk het beslag in de bakvorm en bak de cake in 25 minuten gaar en goudbruin.

Extra's: walnoten zijn heerlijk in deze cake. Doe ze samen met de bananen bij het mengsel, maar zorg dat je ze dan niet geeft aan iemand met een notenallergie.
Serveertip: eet de cake warm, eventueel bestreken met wat boter.
Restjes: je kunt de cake 3 dagen bewaren in een goed afgesloten trommel.

MINICAKEJES

VOOR CIRCA 20 STUKS

Minicakejes of *cupcakes* zijn helemaal in. Ze zijn wat fijner van textuur dan muffins en je versiert ze met glazuur en grappige decoraties. Leuk, gemakkelijk en lekker!

JE HEBT NODIG:

- 225 g zelfrijzend bakmeel
- 225 g witte basterdsuiker
- 225 g boter
- 3 grote eieren
- 20 papieren vormpjes

Boterglazuur:

- 350 g poedersuiker
- 275 g zachte boter
- 1 tl roze voedingskleurstof (naar keuze)
- minimarshmallows, eetbare zilverpilletjes, garneersnoepjes...

1 Meng het bakmeel, de suiker en boter in een grote kom tot een gelijkmatig mengsel.

2 Voeg de eieren toe en meng goed.

3 Zet de papieren vormpjes op een bakplaat en schep 1 eetlepel beslag in elk.

4 Bak de cakejes in 15-20 minuten goudbruin en gaar. Steek er een satéprikker in: als die er schoon uit komt, zijn ze gaar. Bak ze anders nog 5 minuten. Haal ze uit de oven en laat ze afkoelen.

5 Maak intussen het glazuur. Meng de poedersuiker met de boter – dit wordt heel zoet. Je kunt de boter ook voor de helft door roomkaas vervangen.

6 Bestrijk de cakejes met glazuur.

Extra's: je kunt 1 theelepel vanille-essence aan het beslag toevoegen. Je kunt er ook 2 eetlepels cacao aan toevoegen voor chocoladecakejes. Dit kan zowel in het beslag als in het glazuur.
Serveertip: ik vind het leuk elk cakeje weer anders aan te kleden. Wees creatief!
Restjes: minicakejes zonder glazuur kun je 3-4 dagen bewaren in een koektrommel. Mét glazuur moeten ze de koelkast in.

OMA'S OMGEKEERDE ANANASTAART

VOOR 6 PERSONEN

Mijn oma speelt een enorme rol in dit boek, maar haar recepten zijn eigenlijk heel eenvoudig. Deze *tarte tatin* met ananas is supermakkelijk en heel betaalbaar. Ideaal als nagerecht met een feestelijk tintje.

JE HEBT NODIG:

- 150 g boter
- 150 g witte basterdsuiker
- 1 el golden syrup of honing
- 2 blikken (à 220 g) ananasschijven (geen stukjes)
- 50 g gekonfijte kersen
- 110 g zelfrijzend bakmeel
- 2 eieren

Verwarm de oven voor op 170 °C.

1 Neem een bakvorm van 22 cm doorsnede en 4 cm diep. Een springvorm is ideaal. Vet hem in met 25 g boter.

2 Bestrooi de vorm met 25 g suiker.

3 Besprenkel de bodem met siroop of honing. Dat is heerlijk, maar als je het niet hebt, smaakt de taart nog steeds prima.

4 Leg de ananasschijven in de vorm (bewaar het sap). Vul de ruimtes op met stukjes ananas en leg de gekonfijte kersen in de gaatjes van de schijven.

5 Meng in een andere kom de resterende boter en suiker.

6 Doe het bakmeel erbij, maak een kuiltje waar je de eieren in breekt en meng goed.

7 Het beslag moet mooi smeuïg zijn. Als het wat te droog is, kun je er 1-2 eetlepels ananassap door roeren.

8 Verdeel het beslag gelijkmatig over de ananas in de bakvorm en bak de taart 20 minuten.

9 Haal de vorm uit de oven en steek er een prikker in. Als deze er droog uit komt, is de taart klaar; zo niet, dan zet je hem nog 5-10 minuten in de oven. De taart moet stevig en goudkleurig zijn. Laat hem 5-10 minuten afkoelen.

10 Haal de ring van de springvorm, leg een bord boven op de taart en draai hem om. De ananas ligt nu bovenop en de cakelaag onder.

Tast toe!

Serveertip: heerlijk met ijs, slagroom of vla. In plaats van ananas kun je bijvoorbeeld peren of pruimen gebruiken. Je kunt ook 2 eetlepels cacaopoeder aan het beslag toevoegen; vooral lekker in combinatie met peren. Je kunt de taart eventueel 's morgens maken, in de koelkast bewaren en hem 's avonds 5-10 minuten in een op 150 °C voorverwarmde oven verwarmen.
Restjes: je kunt de taart 3-4 dagen bewaren in een goed afgesloten trommel.

VERJAARDAGS-TAART VOOR 6 PERSONEN

Vaak wordt mij gevraagd hoe je een eenvoudige verjaardagstaart maakt. Dit is een geweldig en toch simpel recept.

JE HEBT NODIG:

- 225 g boter, plus wat extra voor het invetten
- 225 g witte basterdsuiker
- 3 grote eieren, losgeklopt
- 225 g zelfrijzend bakmeel

Glazuur:

- 150 g boter
- 200 g poedersuiker
- 2 el aardbeien- of frambozenjam
- 2 el poedersuiker

Verwarm de oven voor op 180 °C.

1 Klop de boter en suiker in een grote kom door elkaar. Klop dan eieren erdoor.

Het mengsel wordt steeds moeilijker te mengen naarmate er meer meel bij komt. Werk stug door: uiteindelijk wordt het beslag zacht en romig.

2 Voeg geleidelijk meel toe; blijf roeren.

3 Beboter 2 bakvormen van 22 cm doorsnede. Verdeel het beslag erover.

Tjonge, wat lekker!

4 Bak de taarten in circa 20 minuten goudbruin.

Steek er een prikker in: komt die er schoon uit, dan zijn ze gaar.

5 Haal ze uit de oven, laat ze 5 minuten rusten en draai ze dan om op een bord of snijplank.

6 Maak terwijl de taarten afkoelen het glazuur: klop de boter smeuïg en roer de poedersuiker erdoor.

7 Strijk het glazuur over een van de taarten, besmeer de andere met jam en leg de taarten op elkaar.

8 Zeef de poedersuiker erover.

Extra's: je kunt de taart garneren met vers fruit, hagelslag of snoepjes. Je kunt talloze decoraties op je taart doen – het is maar net hoe ver je wilt gaan.
Serveertip: in de zomer garneer ik mijn taart graag met aardbeien, omdat het er zo mooi uitziet. In de winter kies ik voor bramen of Maltesers.
Restjes: je kunt de taart 1-2 dagen bewaren in een trommel, maar niet langer, want dan wordt hij zompig.

REGISTER

KOSMOS

Het ultieme studentenkookboek is een uitgave van
Kosmos Uitgevers, Utrecht/Antwerpen.
www.kosmosuitgevers.nl

Oorspronkelijke uitgave:
Titel: *From pasta to pancakes, the ultimate student cookbook*
Uitgever: Quadrille Publishing Limited

Nederlandse uitgave:
Tiende druk, 2015

Vertaling: Paulina de Nijs/Vitataal
Omslagontwerp: Jan Johan ter Poorten/Aperta
Zetwerk: Elgraphic bv, Vlaardingen
ISBN 978 90 6611 629 0
NUR 440

DANKBETUIGING

Mijn liefde voor eten en koken begon op de beroemde, magische Ballymaloe Cookery School in Ierland. Darina Allen is een van de meest kundige mensen die ik ken. Dank je voor het delen van jouw enthousiasme over eten: het werkt aanstekelijk. Rachel Allen, bedankt dat je zo'n geweldige lerares bent geweest. Mijn herinneringen aan mijn tijd daar zijn heel speciaal.

Ik ben veel dank verschuldigd aan de geweldige Martin Blunos, die in mij en mijn ideeën geloofde terwijl we aan het werk waren bij Marks & Spencers in Derby. Je was zo geweldig om mij aan jouw en nu ook mijn agente Rosemary Melbourne voor te stellen. Rosemary, bedankt voor je vertrouwen dat dit zou gaan werken en het feit dat je altijd twee stappen vooruit was. Je hebt zoveel mogelijk gemaakt voor mij – bedankt. Zonder jouw introductie zou ik nooit mijn fantastische literaire agenten hebben ontmoet, Heather Holden Brown en Elly James. Dank jullie voor het geloven in dit boek en dat jullie me zoveel hebben willen leren over de wereld van het boek en uitgeven. Elly, jouw voortdurende steun en onze brainstormsessies waren zo geweldig.

Ik ben iedereen bij Quadrille enorm dankbaar. Jullie bezorgden mij en mijn boek het gevoel dat we bijzonder waren en hebben zo hard gewerkt om het tot iets unieks te maken. Anne Furniss, bedankt voor je onmiddellijke vertrouwen in dit project. Helen Lewis, veel dank voor je creatieve ideeën en het samenstellen van een fantastisch getalenteerd duo, te weten Katherine Case, een geweldige ontwerpster, en Claire Peters – ik vind het zo bijzonder dat ik onderdeel was van je eerste fotografieproject. Ik weet zeker dat er nog veel zullen volgen, de foto's zijn prachtig. Ik ben mijn geweldige redacteur, Katey Mackenzie, heel erg dankbaar, omdat ze onafgebroken doorwerkte en ook nog voor veel plezier zorgde.

In Fulham is een kleine patatkraam waar ik vanaf mijn 16e heb geleerd wat hard werken is. 'Fishers' verkoopt de beste 'fish & chips' ter wereld en daarnaast heb ik er ook kleine familie rondlopen, te weten Gary, Alan, Tom en Tom, van wie ik heel veel hou.

Dank aan AL mijn fantastische vrienden. Het zijn er te veel om op te noemen, maar jullie hebben me allemaal zo goed gesteund. Cress en Char, omdat jullie er al sinds onze Barbietijd zijn; Ingrid, omdat je naar Chester bent gekomen en me altijd voor 100% gesteund hebt en Bex, voor je spilfunctie bij Tiffs dinsdagen. Bedankt, beroemde vijf – jullie weten wel wie ik bedoel – omdat jullie altijd zin hadden in Tiffs dinsdagen. Guy, je bent geweldig, vooral omdat je altijd proefkonijn wilde zijn.

Betina, bedankt voor je steun.

Oma, je bent mijn inspiratie en dankjewel voor al die geweldige kook- en receptideeën en omdat je enkele geheimen uit je receptenboek met me wilde delen.

Mijn zussen George en Kamillie; ik denk dat in jullie beiden een briljant kok schuilt. Mama, zonder jou was ik nooit naar Ballymaloe gegaan. Je gaf je keuken op voor het filmen, de eindeloze fotosessies en kantoorruimte. Dankjewel voor *alles*, te veel om hier op te noemen. Papa, jij bent er altijd voor mij, steunt me en bent altijd enthousiast – dank je.